Leandro Konder

HISTÓRIA DAS IDEIAS SOCIALISTAS NO BRASIL

Copyright © 2003, by Editora Expressão Popular

Projeto gráfico, diagramação e capa:
Zap Design

Revisão:
Geraldo Martins de Azevedo Filho, Maria Fernanda de Almeida Prado Campos, Orlando Augusto Pinto.

Pesquisa de imagens e edição de textos:
Carlito de Campos, Geraldo Martins de Azevedo Filho, Vladimir Sacchetta.

Fotos e ilustrações:
– ACERVO ICONOGRAPHIA, *com exclusão do abaixo identificado.*
– ACERVO MST *(p. 70 – João Amazonas; p. 75 – Paulo Freire, foto de Ana Maria Araújo Freire; p. 87 – Encruzilhada Natalino, foto de Juan Carlos Gomes; p. 91 – Marcha Nacional, foto de Paulo Pereira Lima).*
– ACERVO DIRETÓRIO NACIONAL DO PT *(p. 72 – Herbert José de Souza, foto de Roberto Parizotti; p. 87 – Convenção Nacional do PT, foto de Milton Guran; p. 89 – Florestan Fernandes).*
– Andrew St.George *(p. 80 – Mulheres guerrilheiras).*
– Sebastião Salgado *(p. 93 – Ocupação da Fazenda Pinhal Ralo).*

Impressão e acabamento:
Paym

K82h	Konder, Leandro História das ideias socialistas no Brasil / Leandro Konder. – São Paulo : Expressão Popular, 2003. 96 p. ISBN 85-87394-42-8 1. Socialismo - História. 2. Socialismo - Brasil. I. Título. CDD 21.ed. 320.5310981

Eliane M. S. Jovanovich   CRB 9/1250

Todos os direitos reservados.
Nenhuma parte deste livro pode ser utilizada
ou reproduzida sem a autorização da editora.

2ª edição: maio de 2010
3ª reimpressão: março de 2024

EDITORA EXPRESSÃO POPULAR LTDA
Alameda Nothmann, 806
Sala 06 e 08 – CEP 01216-001 – Campos Elíseos-SP
livraria@expressaopopular.com.br
www.expressaopopular.com.br
◼ ed.expressaopopular
◉ editoraexpressaopopular

SUMÁRIO

Introdução 7

1 – O que tem sido o socialismo 9

2 – As ideias socialistas chegam ao Brasil 25

3 – Os comunistas brasileiros 41

4 – Do golpe de 1937 ao golpe de 1964 59

5 – Da ditadura militar aos nossos dias 77

INTRODUÇÃO

O que os seres humanos pensam depende do que eles fazem, e depende também de como eles vivem. A história das ideias é sempre parte da história geral da sociedade, e só faz sentido quando relacionada ao movimento global da transformação social. Para entendermos os pensamentos e as representações da realidade, precisamos enxergar na cultura aquilo em que ela reflete a vida prática: as condições da existência material dos homens.

Esse condicionamento da produção cultural pelas tensões internas do quadro em que funciona a produção de bens materiais, na sociedade, constitui o que alguns costumam

Imigrantes na colheita de café em fazenda no interior de São Paulo, 1915.

A classe operária constituiu a base e a referência dos movimentos sociais do século 20.

chamar de "dimensão ideológica da cultura". A história das ideias é, assim, uma história de ideologias.

Mas a ideologia não é um acompanhamento mecânico, automático, das atividades práticas; não é mera reprodução ou o registro passivo, na consciência, das ações que os seres humanos realizam. A consciência é, não só o plano em que os homens percebem as coisas, mas também o plano em que eles fazem suas escolhas e tomam suas decisões. Como observou o historiador francês Georges Duby, "a ideologia não é reflexo do vivido, mas um projeto de agir sobre ele".

Por isso, na sua riqueza, a história das ideias não se deixa reduzir a um simples apêndice da história econômica ou da história política. Na história das ideias, muitas vezes somos desafiados a observar (e a tentar compreender melhor) os esforços do pensamento de pessoas que não tiveram participação destacada nas instituições e organizações que fizeram, com maior eficácia, a história política e a história econômica.

Procuramos levar isso em conta quando, nas páginas seguintes, evocamos os sonhos, os anseios e os projetos de pessoas que, hoje em dia, andam um tanto esquecidas. Mas merecem ser lembradas.

Por outro lado, não teria sentido transformar este livro num elenco infindável de nomes, uma espécie de catálogo de todos os que fizeram a história das ideias socialistas no Brasil. Por mais completo (e cansativo) que fosse o rol, as omissões seriam inevitáveis; muita gente altamente significativa, de qualquer modo, ficaria de fora.

Contudo, nosso objetivo não era esse (nem poderia ser). O que queríamos, realmente, era contribuir para que os estudantes se aproximassem da história das ideias socialistas no Brasil, não através de uma exposição caluniosa ou "triunfalista", não por meio de um relato escrito para denunciar erros ou exaltar acertos, e sim pela leitura de um texto capaz de ajudá-los a refletir sobre as grandes questões (não resolvidas) que aparecem na história aqui abordada.

1 – O QUE TEM SIDO O SOCIALISMO

O que é socialismo?

A política é uma atividade que costuma despertar muitas paixões. Por isso, os conceitos políticos frequentemente são discutidos de maneira acalorada por pessoas que não estão de acordo a respeito deles. O conceito de socialismo, por exemplo, tem sido tema de muitas polêmicas.

De maneira geral, podemos dizer que o socialismo é um fenômeno típico da história moderna e contemporânea.

Antes do aparecimento dos socialistas, houve muita gente que protestou contra as desigualdades sociais, contra a concentração da riqueza em poucas mãos. Os profetas do *Velho testamento* já condenavam o egoísmo dos ricos, a falta de sensibilidade dos poderosos diante dos sofrimentos dos pobres.

Cristo, nos *Evangelhos*, dizia: "Não podeis servir a Deus e ao dinheiro". E depois afirmava: "É mais fácil um camelo passar pelo buraco de uma agulha do que um rico entrar no Reino de Deus" (Mateus, 19; Marcos, 10; Lucas, 18).

Na Roma antiga, os irmãos Tibério e Caio Graco, no segundo século da Era Cristã, foram eleitos tribunos do povo e tentaram reformar as condições da produção agrícola, facilitando a aquisição de terras pelos pobres e contrariando os interesses dos grandes proprietários; porém, foram assassinados.

Pomona, deusa campestre romana.

Numa história das lutas contra as injustiças sociais, muitos nomes mereceriam ser lembrados. No entanto, o socialismo, com o sentido que a palavra tem nos nossos dias, só inaugurou

REVOLUÇÃO FRANCESA (1789-1799)
Situada no quadro das revoluções burguesas que caracterizaram o Ocidente, nela surgiram os conceitos de esquerda e direita, a primeira Assembleia Nacional Constituinte e a prática do terror e da guerra revolucionária. Apesar de ter levado a burguesia ao poder político, a revolução não foi somente burguesa, contando também com a participação de camponeses e da massa de pobres urbanos (*sans-culottes*), que em Paris somavam cerca de 600 mil. A Queda da Bastilha (14/7/1789) constitui-se no primeiro passo desse importante movimento, que se estendeu durante dez anos, num processo revolucionário consolidado apenas em 1799 com a liderança político-militar de Napoleão Bonaparte. A França deixou de ser absolutista e feudal. Estavam abertas as portas para o desenvolvimento do capitalismo.

uma nova etapa nessa história depois da Revolução Francesa. Quer dizer: só apareceu em cena no final do século 18.

O socialismo surgiu como um continuador da luta contra as injustiças sociais, porém introduziu nessa luta um elemento novo: a proposta de uma transformação nas condições da produção e da apropriação da riqueza produzida pela sociedade. O programa político defendido pelos socialistas, em nome das necessidades vitais da comunidade, passou a impor restrições aos direitos dos proprietários particulares.

Vamos ver como essa nova história começou.

Liberalismo e democracia

O século 18 foi chamado de "Século das Luzes". Muitos escritores daquele tempo estavam convencidos de que as luzes da razão iriam dissipar as trevas da ignorância e da superstição, de modo que os seres humanos superariam todos os seus preconceitos e viveriam num mundo melhor. Esse *otimismo* (palavra criada no começo do século 18) e essa confiança no *progresso* animavam o pensamento liberal, representado pelos filósofos mais avançados da época.

> As ideias iluministas influenciaram movimentos como a Independência dos Estados Unidos, a Inconfidência Mineira e a Revolução Francesa.

O movimento do *liberalismo* correspondia aos interesses da *burguesia,* quer dizer, refletia os anseios dos comerciantes e industriais, que não se conformavam com as leis e as instituições da sociedade feudal, que os reis e os nobres insistiam em manter em funcionamento. Os burgueses, em geral, tendiam a achar que uma pessoa vale pelo que faz, por sua habilidade individual, por sua capacidade de ganhar dinheiro, por seu espírito empreendedor, e não por seus títulos nobiliárquicos, pelo fato de ser bisneto de algum nobre ou em consequência de um pretenso "sangue azul" que lhe correria nas veias...

Os liberais lutaram por novas e maiores liberdades para os cidadãos. Eles exigiram, por exemplo, que os camponeses deixassem de ser servos da gleba, isto é, que tivessem o direito de sair do campo e ir para as cidades, em busca de trabalho nas indústrias que estavam se desenvolvendo.

Com os acontecimentos da Revolução Francesa, entretanto, os liberais levaram um susto. Muitos deles tiveram a impressão de que o súbito aumento da participação popular na vida política havia desencadeado tumultos prejudiciais à causa da liberdade. Para esses liberais, o ressentimento decorrente da exploração e da opressão a que estiveram submetidas as massas populares levou-as a exigir mudanças bruscas, insensatas, para criar uma igualdade impossível de ser efetivada na sociedade. Com isso, a participação popular acabou por danificar as delicadas instituições da democracia liberal: destruiu a harmonia dos poderes (Legislativo, Executivo e Judiciário) e abriu caminho para uma ditadura. Assim, a conclusão a que tendiam esses liberais assustados, para proteger a liberdade, era considerar conveniente restringir a participação popular.

Jean-Jacques Rousseau
Suíço, em 1742 foi para Paris e vinculou-se ao movimento iluminista. Publicou o *Discurso sobre as ciências e as artes* (1750), rompendo com o otimismo do "Século das Luzes"; o *Discurso sobre a origem da desigualdade* (1755); o *Contrato social* (1762), em que mostrou que os governos foram criados por vontade dos cidadãos e, portanto, estes tinham o direito de mudá-los. Preferia um governo de assembleias populares.

Antes mesmo da Revolução Francesa, já existiam tendências mais conservadoras e tendências mais avançadas no interior do liberalismo. Jean-Jacques Rousseau (1712-1778), por exemplo, sublinhava a interdependência entre liberdade e igualdade e criticava "a desigualdade das fortunas, o uso e o abuso das riquezas". Para ele, a competição desenfreada em torno da propriedade privada resultava na destruição da *comunidade* a que os homens devem pertencer para serem efetivamente livres e felizes.

Após a Revolução Francesa, contudo, os liberais tenderam a se tornar muito cautelosos e passaram a manifestar inclinações elitistas e opostas à linha das preocupações de Rousseau. Em geral, eles se contentavam com a declaração da igualdade de todos os cidadãos perante a lei.

Graco Babeuf
De origem camponesa, concebeu um vasto plano de reformas fiscais publicado em 1789. Dirigiu a *Tribuna do Povo*, considerado o primeiro jornal comunista. Embora longe do sentido moderno do comunismo, pode ser considerado seu precursor.

Os que defendiam a participação popular passaram a ser, então, designados como *democratas*. Para os democratas, a igualdade perante a lei não bastava, era uma proclamação inócua, já que os setores mais humildes da sociedade não teriam como fazer valer, na prática, seus direitos. Os democratas propunham que o Estado interferisse na esfera econômica, impondo limites à ganância dos ricos e criando uma certa igualdade no plano da vida prática, da existência material (e não apenas no plano jurídico).

A "Conspiração dos Iguais"

Foi entre os democratas radicais, decepcionados com a frouxidão do liberalismo, que surgiram as primeiras expressões do socialismo.

Em torno de François Noël – que adotou o nome de Graco Babeuf (1760-1797), em homenagem aos irmãos Tibério e Caio Graco, da Roma antiga – articularam-se alguns conspiradores, que fundaram a organização clandestina dos "Iguais". Babeuf era jornalista e dirigia um jornal chamado *Tribuna do Povo*.

Os "Iguais" achavam que a Revolução Francesa, de fato, havia sido apenas o prenúncio de outra revolução, bem maior, que seria "a última revolução". Ela instauraria, finalmente, a igualdade entre as pessoas, tornando-as verdadeiramente livres. A terra não pertenceria a ninguém: seria de todos. O Estado agiria ditatorialmente, confiscando os gêneros de primeira necessidade e impondo o racionamento para organizar o consumo em bases igualitárias. Todos os cidadãos seriam obrigados a dar sua quota de trabalho manual. O povo elegeria os magistrados que deveriam dirigir o Estado em seu nome, e esses magistrados disporiam de toda a autoridade necessária.

O "Manifesto dos Iguais" declarava: "Se é preciso, morram todas as artes, desde que nos reste a igualdade efetiva". Um certo Grisel denunciou os conspiradores à polícia, que os prendeu. Dois deles foram condenados à morte: Babeuf e o estudante de direito Augustin Darthé. Outros foram forçados ao exílio, como Philippe Buonarroti.

Graco Babeuf, quando se defendeu no Tribunal, justificou o fato de ter organizado a insurreição invocando a necessidade de suprimir pela força os privilégios dos proprietários: "A propriedade é, sobre a terra, a causa de todos os males".

Utopistas socialistas e romantismo

O socialismo começou, portanto, com uma proposta política drástica, um discurso extremamente violento, uma conspiração heroica mas inviável – e uma derrota.

Os efeitos da onda de repressão que se seguiu à tentativa de Babeuf e seus companheiros foram profundos. Muita gente se convenceu de que a luta contra a injustiça e a criação de uma sociedade mais justa não podiam depender de atos violentos e conspirações políticas.

Nos 50 anos que se seguiram à tentativa dos "Iguais", a cultura europeia viveu o auge do *Romantismo*, um movimento que valorizava muito a força dos sentimentos, a intensidade das paixões e a riqueza das experiências vividas (e sonhadas).

Foi nessa atmosfera espiritual do romantismo que floresceram as utopias socialistas. A palavra *utopia* foi criada pelo inglês Thomas Morus no começo do século 16, pouco depois da descoberta da América (e do Brasil). *Utopia* significa o "não lugar", o "lugar inexistente". Thomas Morus descreve uma ilha fictícia na qual os seres humanos estavam organizados de uma maneira mais racional e mais justa do que na Inglaterra do seu tempo. Na primeira metade do século 19, diversos socialistas imaginaram sociedades nas quais as pessoas estariam livres das consequências perversas da sociedade burguesa.

Thomas Morus (1478-1535)
Filho de juízes, pensador humanista, sua principal obra é o livro político *A Utopia* (1516).

Os socialistas utópicos divergiam uns dos outros: cada um sonhava um sonho diferente e propunha um caminho distinto para realizar esse sonho.

O primeiro representante dessa tendência foi o conde Claude-Henri de Saint-Simon (1760-1825), que esteve nos Estados Unidos, onde participou, sob o comando de George Washington, da Guerra da Independência norte-americana; depois regressou à França, aderiu entusiasticamente à causa da Revolução Francesa e sobreviveu, em condições de pobreza, no período de Napoleão.

Claude-Henri de Saint-Simon
Socialista utópico francês, um dos fundadores do chamado "socialismo cristão", debitou ao Estado o dever de planejar e organizar o uso dos meios de produção.

Saint-Simon se apresentava como um revolucionário "construtivo" (implicitamente fazia um contraste com o "destrutivo" Babeuf). Para Saint-Simon, as máquinas e os progressos técnicos da Revolução Industrial estavam dando início a uma nova era de avanço e bem-estar para a humanidade. Era preciso promover uma reorganização da sociedade, entregando o poder do Estado aos *industriais* (tanto empresários quanto operários) e retirando-o das mãos dos *burgueses* (homens que viviam de renda, nobres, altos funcionários do clero e das Forças Armadas).

A política – ensinava Saint-Simon – deve ficar subordinada à economia. O comando político sobre os homens irá sendo cada vez mais substituído pela administração das coisas. No fim de sua vida, para impulsionar as pessoas à ação, Saint-Simon passou a contar sobretudo com a massa dos trabalhadores organizados, com os sentimentos generosos das mulheres e com um "novo cristianismo", sem ritos e sem dogmas.

François Marie Charles Fourier
Francês, defendeu a propriedade comunitária e o princípio de "a cada um segundo suas necessidades".

Robert Owen
Industrial inglês, organizou colônias cooperativas, em que a propriedade privada seria excluída. Apesar da grande repercussão de suas ideias, as tentativas de concretizá-las falharam completamente.

Outro teórico do socialismo utópico foi François Marie Charles Fourier (1772-1837), autodidata, que detestava os comerciantes e a vida familiar, mas adorava a boa comida, os gatos e as flores.

Fourier ficou muito desencantado com a Revolução Francesa e achou que a transformação da sociedade não podia se dar por meios revolucionários: deveria acontecer pelo exemplo. Passou a vida imaginando como deveria estar organizada uma comunidade ideal (que ele chamou de *falanstério*). Quando os seres humanos vissem como podia ser melhor a vida no falanstério, tratariam de adotá-lo como modelo.

Fourier desenvolveu uma concepção da história segundo a qual a humanidade atravessou várias eras em sua evolução e chegou a uma era denominada *civilização*. Segundo Fourier, a civilização estava sendo mantida artificialmente em vigência, impedindo que as pessoas se organizassem de modo mais justo e racional e ingressassem numa nova era, que ele chamava de *societária*. O peso negativo da civilização – explicava o teórico francês – cai predominantemente sobre os ombros das mulheres e dos proletários.

As ideias de Saint-Simon e de Fourier tiveram grande repercussão nos meios operários e atraíram muitas mulheres para a vida política. Diversos nomes merecem ser lembrados, entre os quais Pauline Roland, Jeanne Deroin, Suzanne Voilquin, Clarisse Vigoureux, Claire Démar e Flora Tristan.

Em sua maioria, os socialistas utópicos mais importantes foram franceses, como os já citados Saint-Simon e Fourier, e mais Prosper Enfantin, Victor Considerant, Etienne Cabet e Pierre Leroux. Houve, porém, um socialista utópico inglês que também se tornou famoso: Robert Owen (1771-1858), que teve uma infância pobre e começou a trabalhar aos 10 anos de idade e aos 19 já era gerente de uma fábrica de algodão em Manchester. Owen tentou fundar empresas que dariam assistência aos trabalhadores e chegou a financiar a experiência de uma coletividade nos Estados Unidos (chamada Nova Harmonia), que devia funcionar com critérios de justiça distributiva para os bens produzidos. Contudo, seus empreendimentos fracassaram.

Nas fantasias dos socialistas utópicos pode ser notado um eco das aspirações de uma classe social que estava se formando com a industrialização: o proletariado urbano industrial.

Saindo da Universidade de Iena, em 1841, Marx vive um período de intensa militância que culmina na fundação da Liga dos Comunistas, em 1847.

Essas aspirações eram traduzidas por espíritos inquietos, afinados com o espírito da cultura romântica da época, estimulados por um clima que valorizava muito a fantasia, a imaginação, os sonhos.

Os socialistas utópicos, em certo sentido, foram expressão dos sonhos dos proletários.

A Primeira Internacional

Por volta da metade do século 19, teve início no movimento operário europeu um esforço de organização que procurava alcançar uma eficiência política maior que a dos socialistas utópicos. Começava um novo período, no qual as fantasias românticas deviam ceder lugar a propostas aparentemente mais exequíveis. O espírito romântico não desaparecia, mas tinha de se combinar com um espírito mais realista, exigido pela nova época.

Surgiram novas concepções, novas teorias, que apontavam em várias direções, alimentando controvérsias.

Assim, o gráfico Pierre Joseph Proudhon (1809-1865) partia da convicção, enfaticamente proclamada, de que "a propriedade é um roubo". Ele considerava a propriedade "a mãe da tirania" e queria superá-la gradualmente, através de reformas que correspondessem ao "interesse de todos" e "não prejudicassem ninguém". Para isso, insistia em que os trabalhadores se organizassem em cooperativas e criassem um banco especial para eles.

Pierre Joseph Proudhon
Francês, defensor do socialismo pequeno-burguês, teórico do anarquismo pacífico, negava a necessidade do Estado. Escreveu a *Filosofia da miséria* (1846), contra a qual Marx antepôs a *Miséria da filosofia*, mostrando seu caráter anticientífico e reacionário.

Ferdinand Lassalle
Socialista alemão, fundador do reformismo, considerava que, pelo sufrágio universal, o Estado poderia passar a refletir os interesses dos trabalhadores.

O advogado alemão Ferdinand Lassalle (1825-1864) se empenhou sobretudo no fortalecimento dos sindicatos, bem como no aproveitamento e na ampliação das possibilidades da ação legal (já que as organizações operárias eram perseguidas e estavam postas fora da lei).

O francês Auguste Blanqui (1805-1881), ao contrário, não acreditava numa estratégia comprometida com o respeito à legalidade. Sentia-se, de certo modo, um herdeiro dos rebeldes da "Conspiração dos Iguais"; estava convencido de que a burguesia só seria desalojada do poder pela força; e – coerente com seu pensamento – organizou grupos de conspiradores para tomar o poder e exercer a "ditadura do proletariado" (capaz de criar a nova sociedade). Foi preso várias vezes e passou ao todo 35 anos na cadeia.

Uma posição original era a do russo Mikhail Bakunin (1814-1876), filho rebelde de um nobre, crítico apaixonado da Igreja e do Estado, mas também crítico de todo e qualquer autoritarismo exercido em nome da revolução. Bakunin desconfiava da política em geral, achava-a um terreno burguês, no qual se dissolviam as energias contestadoras das massas populares. Em vez de propor uma linha de ação política para chegar a suprimir o Estado, queria que se começasse pela negação do Estado e da Igreja, porque "só depois que isso acontecer é que a sociedade poderá ser organizada de outra maneira". A direção do movimento reorganizador deveria vir diretamente das massas populares revoltadas e não "de cima para baixo, segundo algum plano ideal sonhado por alguns sábios, e menos ainda por decretos emanados de algum poder ditatorial, ou ainda por uma assembleia nacional eleita por sufrágio universal".

Esses teóricos tiveram uma poderosa ressonância nas correntes socialistas que participaram da Associação Internacional dos Trabalhadores (mais tarde chamada de Primeira Internacional). Fundada em 1864, em Londres, ela funcionou até 1872. Apesar das sensíveis diferenças de opinião, os líderes dos movimentos operários procuravam se organizar internacionalmente, a partir da constatação de que a burguesia dos diversos países já estava organizada em escala mundial.

A Primeira Internacional uniu representantes das diversas tendências do pensamento socialista. Mas o teórico que mais se destacou, entre os seus inspiradores, foi o alemão Karl Marx, que viveu a maior parte de sua vida exilado em Londres.

Mikhail A. Bakunin
Anarquista russo, teórico da violência e do terror revolucionários. Ligou-se à Internacional, mas foi dela excluído por pressão de Marx e Engels, os quais julgavam seus métodos prejudiciais. Os bakunistas participaram da Comuna de Paris, na qual foram até maioria.

Louis Auguste Blanqui
Revolucionário utópico francês, via na ditadura da vanguarda revolucionária o único meio de estabelecer o regime socialista. Inspirador da ideia do "revolucionário profissional" e da "ditadura do proletariado".

Karl Marx

Karl Marx (1818-1883) recebeu uma importante ajuda de seu amigo Friedrich Engels (1820-1895) na elaboração de ideias que empolgaram amplos setores do movimento operário.

Marx sustentava que o ser humano se faz a si mesmo através de sua atividade, que é uma atividade especial (a *práxis*), que o distingue dos outros animais. A formiga cava túneis, a aranha tece teias, a abelha faz células de cera, mas o que o homem faz – o seu *trabalho* – é algo bem diverso: o sujeito humano antecipa em sua cabeça o resultado que quer alcançar na realidade. Essa capacidade de antecipar na consciência o resultado que se quer obter dá ao ser humano o poder de fazer escolhas conscientes, de tomar decisões refletidas, que é um poder que nenhum outro animal detém.

O homem tornou-se homem por causa do trabalho. No entanto, disse Marx, o trabalho transformou-se numa atividade na qual os trabalhadores, em geral, não se realizam (ao contrário: só trabalham sob pressão). A razão dessa mudança está no fato de que uma parte da sociedade, constituída pelas classes sociais privilegiadas, que possuem os grandes meios de produção, impõe formas obrigatórias de trabalho aos trabalhadores (às classes exploradas).

O *modo de produção capitalista*, em especial, agravou essa divisão da sociedade. Com ele, a burguesia criou o mercado mundial, toda a produção passou a ser organizada em função do mercado, todas as coisas foram tomando a forma de *mercadorias*, todos os valores da vida humana foram sendo quantificados e traduzidos em um preço, na linguagem do dinheiro. Também se generalizou uma competição ilimitada de todos contra todos, segundo a lógica da propriedade privada, para ver quem leva vantagem. Esse movimento, que isola as pessoas, favorece o desenvolvimento do individualismo, que estabelece a autonomia das pessoas, mas ocasiona igualmente a fragmentação da comunidade humana, sustentando que o isolamento dos indivíduos é uma decorrência da própria natureza humana.

Marx e Engels.

Karl Marx

Teórico e militante político alemão, cuja obra teve um grande impacto em sua época e na formação do pensamento social e político contemporâneo. Doutorou-se em Direito pela Universidade de Iena (1841), com tese sobre a filosofia da natureza de Demócrito e de Epicuro. Ligou-se aos "jovens hegelianos de esquerda", escrevendo em jornais socialistas. Depois de um intenso período de militância política, marcado pela fundação da Liga dos Comunistas (1847) e pela redação, com Engels, do *Manifesto do Partido Comunista* (1848), exilou-se na Inglaterra (1849), onde viveu até a sua morte. Sua contribuição abrange sobretudo os campos da História, da Ciência Política e da Economia. O pensamento de Marx desenvolve-se a partir do estudo dos economistas ingleses, como Adam Smith e David Ricardo, e da ruptura com o pensamento hegeliano e com a tradição idealista da filosofia alemã. Grande parte dos textos de Marx foi escrita em colaboração com Engels. Suas principais obras são: *Crítica da Filosofia do Direito de Hegel* (1843); *A sagrada família* (1845), em colaboração com Engels; *A ideologia alemã* (1845-1846), em colaboração com Engels; *Miséria da filosofia: crítica da Filosofia da miséria, de Proudhon* (1847); *As lutas de classes na França* (1850); *O 18 Brumário de Luís Bonaparte* (1852); *Contribuição à crítica da economia política* (1859); *O Capital*, 3 volumes (1867-1895), tendo Engels colaborado na edição desta obra.

Friedrich Engels

Teórico e militante político alemão, ligou-se aos "jovens hegelianos de esquerda". Engels foi, não só colaborador teórico de Marx, mas também seu amigo mais íntimo, tendo-o ajudado inclusive financeiramente. Em 1845, publicou com Marx *A sagrada família*, em que eles rompem ao mesmo tempo com o idealismo hegeliano e com o materialismo mecanicista. Considera-se, geralmente, que o materialismo dialético, especialmente a dialética da natureza, é uma criação típica de Engels, sendo, no entanto, de grande importância e influência no desenvolvimento da filosofia marxista. Além das obras que escreveu com Marx, podemos citar: *A situação das classes trabalhadoras na Inglaterra* (1845); *Do socialismo utópico ao socialismo científico* (1860); *Ludwig Feuerbach e o fim da filosofia clássica alemã* (1866); *A transformação da ciência pelo Sr. Dühring*, conhecida como *Anti-Dühring* (1878); *Dialética da natureza* (escrita entre 1878-1888) e *A origem da família, da propriedade privada e do Estado* (1884).

O texto de Lenin As Três Fontes *(Expressão Popular, 2001), sintetiza, além dos dados biográficos, "os aspectos mais marcantes do 'marxismo', isto é, do sistema de ideias e da doutrina" de Marx e de Engels, "o materialismo filosófico, a dialética, a concepção materialista da história, a luta de classes, a lei econômica do movimento da sociedade moderna (valor e mais-valia) e o socialismo".*

Operários das Indústrias Matarazzo, fabricante do óleo "Sol Levante". São Paulo, início do século 20.

Marx desenvolveu uma concepção da história – o *materialismo histórico* – segundo a qual a realidade atual *não* decorre da natureza humana: ela foi preparada por uma longa história e pode vir a ser historicamente superada. Os seres humanos vivem sob a pressão de necessidades materiais urgentes, relativas à alimentação. Toda sociedade precisa consumir e, para poder consumir, precisa se organizar para produzir. O modo de produção adotado condiciona, decisivamente, o que os homens podem fazer e pensar. Por isso, para compreender o que se passa numa sociedade, precisamos observar seu modo de produção: saber quem controla (quem possui) os meios de que a sociedade se serve para produzir aquilo que consome.

O modo de produção capitalista, organizado pela burguesia, é um modo de produção extremamente eficaz para estimular o crescimento industrial. Contudo, para fazer crescer a indústria, ele mobilizou grandes massas de trabalhadores, reuniu os operários, aproximou-os fisicamente uns dos outros e lhes "deu" a possibilidade de se organizarem por conta própria, em seus sindicatos.

Assim, analisando a situação criada à sua volta, Marx concluiu que o movimento operário iria se fortalecer e derrubar revolucionariamente o domínio da burguesia; iria instaurar (após um breve exercício ditatorial de seu poder) uma sociedade sem classes, o *comunismo*.

A Segunda e a Terceira Internacionais

Depois da morte de Marx, foi fundada, em 1889, a Segunda Internacional. O movimento operário europeu estava saindo de uma onda de repressão que havia sido desencadeada contra ele depois que os trabalhadores de Paris, convencidos de que a

COMUNA DE PARIS
Instalada em 18 de março de 1871, a Comuna de Paris foi o primeiro ensaio de regime socialista que, segundo Marx, tenta "tomar os céus de assalto". Nela se conjugavam várias tendências do socialismo e do anarquismo. A primeira experiência socialista dura 72 dias e é massacrada militarmente pelo Exército francês comandado por Thiers – "a semana sangrenta", de 21 a 28 de maio de 1871 – com o beneplácito do alto comando prussiano.

Algumas medidas políticas da Comuna de Paris: abolição do exército permanente; abolição da burocracia (eleição dos funcionários, teto salarial de 6 mil francos...); separação entre a Igreja e o Estado; implantação do ensino gratuito.

Algumas medidas econômicas da Comuna de Paris: proibição do trabalho noturno aos padeiros; proibição das multas; registro e entrega de fábricas abandonadas aos operários; suspensão de venda de objetos empenhados.

burguesia francesa estava se preparando para entregar a cidade sem resistência aos militares alemães (a França estava em guerra contra a Alemanha), tinham ousado assumir o governo da capital. Esse episódio – a chamada Comuna de Paris – durou de 18 de março a 28 de maio de 1871 e terminou num banho de sangue. Mais adiante falaremos de sua repercussão no Brasil.

Pouco a pouco, quando os ecos da Comuna diminuíram, os partidos operários, mesmo proibidos e tendo de atuar na clandestinidade, foram crescendo: conquistaram a legalidade e se tornaram os primeiros *partidos de massa* da história. Nas eleições, os socialistas passaram a ter representantes cada vez mais numerosos no Parlamento. Em alguns países foi adotado o sufrágio universal: quer dizer, o sistema pelo qual todos os adultos tinham o direito de votar. Engels, o amigo de Marx, comentou que o processo revolucionário iria se tornar mais lento, mais chato, porém infinitamente mais seguro...

Em sua maioria, os socialistas – que então se autodenominavam social-democratas – passaram a se sentir muito otimistas. Começaram a acreditar que a sociedade iria evoluir pacificamente e o socialismo seria o resultado mais ou menos automático dessa evolução. Essa convicção se espalhou entre os partidos que pertenciam à Segunda Internacional, fundada em 1889.

O clima de otimismo durou até 1914, quando começou a Primeira Guerra Mundial. Os socialistas se dividiram, as razões nacionais se mostraram mais fortes que as razões de classe: os dirigentes da social-democracia alemã apoiaram a burguesia da Alema-

MANIFESTO DO PARTIDO COMUNISTA

Em fins de fevereiro de 1848, foi editado, em Londres, o documento político mais importante da era moderna – o *Manifesto do Partido Comunista* –, escrito em alemão por Marx, com 30 anos de idade, e Engels, com 28 anos. O texto havia sido encomendado pela Liga dos Comunistas, pequena organização que reunia, basicamente, militantes exilados da Europa continental.

NO BRASIL

Em 25 de julho de 1948, Otávio Brandão conclui a tradução do *Manifesto do Partido Comunista*. A obra sai pela primeira vez no Brasil, no jornal sindical *Voz Cosmopolita*.

Cento e cinquenta anos depois, ele mantém seu fascínio. Sua forma é extraordinária, pelo estilo incisivo que adota, pela simplicidade com que desvenda os fundamentos da sociedade vigente e pela maneira sintética com que consegue captar os elementos contraditórios do mundo moderno que então se formava. Nunca uma filosofia da história e um chamado fervoroso à ação revolucionária se fundiram de forma tão elegante.

Ninguém descreveu com tanta clareza, como Marx e Engels, o papel revolucionário da burguesia em ascensão e o caráter paradoxal de uma sociedade que, ao contrário dos que a precederam, só pode existir estando em mutação permanente.

Fac-símile da 1ª edição.

Também ninguém descreveu, como eles, como essa sociedade frustra suas próprias promessas, pois o imenso potencial criador que liberta fica aprisionado em um único fim, o de acumular capital.

Marx e Engels veem o impulso que o capitalismo deu à capacidade produtiva do homem, mas não se deixam fascinar pelas coisas produzidas. Buscam, permanentemente, entender os processos que impulsionam e aprisionam a produção, as metamorfoses operadas nas relações sociais, o surgimento de novas formas de vida, as tendências de longo prazo. Por isso, nos falam de uma história em movimento e afirmam que a sociedade criada por aquela "classe revolucionária" seria, ela mesma, revolucionariamente superada. Os homens passariam a apropriar-se coletivamente dos gigantescos meios de produção que só coletivamente podiam ser concebidos, construídos e colocados em ação.

Como aprofundamento, remetemos o leitor a O Manifesto Comunista 150 anos depois *– edição comemorativa ao seu sesquicentenário. Além de reproduzir o texto original, traz artigos que estabelecem relações entre o texto de 1848 e outros temas do debate atual. Coedição das Editoras Fundação Perseu Abramo e Contraponto.*

nha e os dirigentes da social-democracia francesa apoiaram a burguesia da França. Marx havia terminado seu famoso *Manifesto do Partido Comunista*, de 1848, com a recomendação: "Proletários de todos os países, uni-vos!". Mas, em 1914, os proletários alemães e franceses passaram a se matar uns aos outros, de armas na mão.

REVOLUÇÃO RUSSA

"... mas Lenin estava convencido de que o poder não cairia no colo dos bolcheviques. Era preciso tomá-lo. Consequentemente, desde finais de setembro, Lenin, em seu esconderijo, impulsionou implacavelmente o Comitê Central a preparar o levantamento armado.

A derrocada do governo de Kerensky terminou sendo um assunto relativamente indolor. Às 10 horas da manhã de 25 de outubro, o Comitê Militar Revolucionário emitiu a seguinte mensagem triunfal:

"O Governo Provisório foi derrotado. O poder do Estado passou às mãos do organismo do Sóviete de Deputados Operários e Soldados de Petrogrado: o Comitê Militar Revolucionário, que está à cabeça do proletariado de Petrogrado e da guarnição.

A causa pela qual o povo lutou – uma proposta imediata de paz democrática, abolição dos direitos de propriedade dos latifundiários sobre a terra, controle operário sobre a produção, criação de um governo soviético – está assegurada.

Viva a revolução dos operários, soldados e camponeses."

LENIN - Vladimir Ilitch Ulianov

Advogado, educador, militante e dirigente revolucionário, um dos principais líderes da Revolução de Outubro de 1917 e governante do Estado Soviético até sua morte em 1924. Desenvolveu, a partir de Marx e Engels, o marxismo-leninismo como uma forma aplicada da teoria marxista em um dado momento histórico na União Soviética, transformando-o depois em doutrina oficial do Partido Comunista. O marxismo-leninismo enfatiza o papel revolucionário do indivíduo nos processos de transformação social contra o determinismo histórico de certas interpretações do materialismo dialético. Lenin tinha como preocupação central em seu pensamento a relação entre teoria e prática, a questão da luta pelo poder e da conquista do Estado pelo proletariado. Daí sua afirmação de que "não há revolução sem teoria do processo revolucionário". Tem uma imensa contribuição teórica. Seus escritos estão reunidos em 56 volumes.

Foi então que se encontrou uma alternativa para a linha política adotada pela Segunda Internacional. Na Rússia atrasada, onde o movimento operário era mantido fora da lei e era perseguido pela política do tsar, o partido dos bolcheviques se fortaleceu e aproveitou a situação caótica criada pela guerra para tomar o poder, através de uma revolução, em novembro de 1917.

O principal líder da Revolução Russa foi Vladimir Ilitch Ulianov, mais conhecido como Lenin (1870-1924). Ele polemizou asperamente com o maior líder da social-democracia alemã, Karl Kautski (1854-1938), a quem até 1908 sempre havia respeitado como um "mestre".

Os bolcheviques fundaram um novo Estado (a União Soviética) e o utilizaram como sede de uma nova Internacional (a Terceira), na suposição de que a Segunda estava morrendo. Contudo, a Segunda Internacional não morreu: após a Primeira Guerra Mundial, ela conseguiu ressurgir e passou a crescer em ritmo acelerado, ao longo dos anos de 1920.

No mundo inteiro, então, os socialistas ficaram divididos, mobilizados em torno de dois polos de referência, dois centros aglutinadores. De um lado, ficaram os comunistas, ligados à Terceira Internacional; do outro, os social-democratas, vinculados à Segunda Internacional.

Na verdade, porém, a situação era ainda mais complicada. Primeiro, porque havia socialistas que não se filiavam a nenhuma das duas grandes correntes, como, por exemplo, os "socialistas libertários", os anarquistas e os anarcossindicalistas que haviam sido excluídos da Segunda Internacional e tinham uma posição muito crítica diante da Terceira; eram socialistas que se inspiravam nas ideias de Bakunin (de quem já falamos) e também nas concepções de Piotr Kropotkin (1842-1921) e do italiano Errico Malatesta (1853-1932). Depois, porque logo surgiram profundas divergências entre os companheiros de Lenin, e o movimento comunista veio a sofrer uma grave cisão.

Assumindo o controle do Estado soviético e a direção do movimento comunista mundial, Josef Stalin (1879-1953) reprimiu com enorme violência os que lhe faziam oposição ou simplesmente discordavam dele no interior de seu partido. Muitos dos líderes da Revolução Russa foram mortos pelo esquema "estalinista".

Karl Kautski
Legatário de Engels, organizador do IV volume de *O capital*, foi o principal dirigente da Segunda Internacional. Lenin fez-lhe a autópsia ideológica em *A Revolução Proletária e o renegado Kautski*, pela sua posição revisionista do marxismo. É autor da obra clássica do marxismo, *A questão agrária*.

Piotr A. Kropotkin
Russo, foi um dos principais dirigentes e teóricos do anarquismo, aderiu à Primeira Internacional; proscrito na França, voltou à Rússia em 1917.

O principal dirigente da oposição a Stalin foi Leon Trotski (1879-1940), que o acusava de ter traído os ensinamentos de Lenin. Trotski foi expulso da União Soviética e sobreviveu durante alguns anos no exterior, sob constante ameaça. Apesar da perseguição de Stalin, Trotski não se deixou intimidar e insistiu em organizar seus partidários, fundando a Quarta Internacional, em 1938. Foi assassinado por um agente de Stalin, no México.

Como ficaram as Internacionais? Qual é a situação delas hoje?

A Primeira – a de Marx – se extinguiu em 1872.

A Segunda – a social-democrata – ainda existe: faz reuniões, promove discussões (às vezes bastante interessantes), porém se mostra meio perplexa diante dos problemas políticos atuais e patrocina opiniões bastante diferentes, heterogêneas. Além disso, nenhum dos partidos que a integram conseguiu até agora realizar transformações efetivamente socialistas e encaminhar qualquer superação do capitalismo nas sociedades que os social-democratas chegaram a governar.

A Terceira – a de Lenin e Stalin – se autodissolveu em 1943. Terminou sua existência, portanto, 46 anos antes da União Soviética, que acabou em 1989.

E a Quarta – a de Trotski – continua funcionando, mas tem enfrentado crises sucessivas, diversas cisões internas e, apesar da combatividade de seus seguidores, tem pouca influência na vida política contemporânea.

Josef Stalin

Sua atuação política levou-o a uma vida de 18 anos de clandestinidade, até o triunfo da Revolução Russa de 1917. Foi eleito, em 1922, secretário do Partido Comunista Russo, cargo que conservou até sua morte. Após a morte de Lenin, lutou com Trotski pelo poder, afastando-o e governando com "mão de ferro", buscando dotar o país da força necessária para se fazer respeitar internacionalmente. Para tanto, não vacilou em eliminar fisicamente seus opositores, quando achou necessário.

Leon Trotski

Teórico marxista e dirigente revolucionário russo. Integrou o primeiro governo soviético, como ministro do Exterior, cabendo-lhe negociar a paz, em Brest Litovski. Criou o Exército Vermelho. Seus choques constantes com a burocracia política e os líderes conduziram-no ao exílio, à expulsão e à perda da cidadania soviética. Escreveu, entre outras obras, *História da Revolução Russa*, sobre a insurreição soviética de 1917. Fundou a Quarta Internacional. Na URSS, os trotskistas foram eliminados, fisicamente, acusados de servir à Gestapo, à Ovra e ao Micado e, por fim, o próprio Trotski caiu assassinado pela GPU estalinista, no México.

2 – AS IDEIAS SOCIALISTAS CHEGAM AO BRASIL

A chegada

A sociedade brasileira era muito diferente das sociedades europeias, nas quais as ideias socialistas foram elaboradas. Na Europa, os socialistas viram com seus próprios olhos, não só os avanços, mas também o agravamento dos problemas criados pela industrialização.

Nos países europeus mais industrializados, havia se formado uma massa de trabalhadores explorados, insatisfeitos: o proletariado. Na Inglaterra e na França – e depois em

Manifestação contra a carestia em frente da redação da revista *O Malho*, no Rio de Janeiro, 1923.

Venda de escravos no Rio de Janeiro.

outros países – o drama dos proletários teve grande repercussão na vida cultural e na opinião pública. Muitas pessoas ficaram sensibilizadas com o sofrimento dos trabalhadores e se frustraram com a insuficiência das medidas propostas pelos políticos liberais para atenuar as tensões da chamada *questão social*.

Na Europa, as ideias socialistas ganharam espaço depois que as ideias liberais começaram a ser consideradas insatisfatórias por setores cada vez mais amplos da sociedade. No Brasil (e nos demais países da América Latina), o aparecimento das ideias socialistas se deu de outra forma e por outros caminhos.

A sociedade brasileira não se baseava na exploração do trabalho dos operários, porque sua economia ainda contava com pouquíssimas indústrias: apenas algumas manufaturas, pequenos estabelecimentos que funcionavam em bases mais ou menos artesanais. A sociedade brasileira se baseava, de fato, na exploração dos escravos negros, trazidos da África à força. A economia era predominantemente agrária e estava voltada para a exportação de matérias-primas. Ainda em 1785, a Coroa portuguesa proibia o funcionamento de manufaturas no Brasil – o governo da colônia mandou apreender 13 teares no Rio de Janeiro, máquinas em geral simples, que produziam panos de algodão.

Mesmo depois da independência política, proclamada por dom Pedro I em 1822, o Brasil, em vez de fabricar, importava tecidos ingleses, remédios, relógios, batatas, queijos, manteiga, facas, móveis e até os utensílios usados na preparação do açúcar e no ensacamento do café que eram exportados para a Europa.

Outra característica da sociedade brasileira: além de não ser industrializada, ela estava instalada numa superfície bem mais vasta do que a das sociedades europeias mais avançadas; e, nessa superfície imensa, os meios de transporte e comunicação eram extremamente precários. As maiores cidades brasileiras ficavam no litoral – ou perto dele – de costas para o interior, com a atenção concentrada no que se passava na metrópole, do outro lado do oceano Atlântico. Por volta de 1850, um habitante do Rio de Janeiro podia ir de navio para a Europa em 50 dias, mas precisaria de mais ou menos 90 dias para chegar a Goiás, ou de mais ou menos 150 dias para chegar ao Mato Grosso.

Essas diferenças entre a sociedade brasileira e as sociedades europeias industrializadas se manifestavam em *tempos históricos distintos:* as pessoas viviam realidades diversas e que se transformavam em ritmos bastante desiguais. No auge da atividade dos socialistas utópicos lá na Europa, aqui se lutava para que a terra deixasse de ser colônia de Portugal e se afirmasse como um país independente.

Quando o *Manifesto do Partido Comunista* de Marx e Engels foi publicado, nós, aqui, estávamos nos primeiros anos do Segundo Império, dirigido pelo imperador Pedro II, que estava então com vinte e poucos anos. Havia poucos intelectuais republicanos e eles eram influenciados pelos ideais democráticos europeus. Era muito difícil, contudo, assimilar seriamente posições políticas que não tinham condições de prevalecer. O movimento a favor da república era fraquíssimo; como se poderia articulá-lo no plano nacional e organizar a população em regiões tão díspares e tão distantes entre si?

Se era tão difícil ser republicano, podemos imaginar que deveria ser praticamente impossível ser socialista. Os ideais socialistas custavam a chegar aqui; estavam expos-

A Rua do Crespo, em Recife, palco da Insurreição Pernambucana em 1817.

INSURREIÇÃO PERNAMBUCANA (1817)
No começo do século 19, chegavam ao Brasil as ideias libertárias dos europeus, que proliferaram estimuladas por uma situação política e econômica opressiva. O governo era detestado e o clima era de rebelião. Em Pernambuco, ganhou o apoio do povo e, em 8 de março de 1817, foi constituído um governo republicano. O movimento vence rapidamente na Paraíba, Ceará, Maranhão e Alagoas. Mas é na Bahia que começa a repressão, de onde saem três navios armados e uma expedição de 1.500 homens, a que se junta outra expedição, vinda do Rio de Janeiro. Os republicanos resistem como podem, mas a contrarrevolução avança. O governo republicano renuncia e, em 20 de maio de 1817, os portugueses esmagam definitivamente a república.

Simon Bolívar (1783-1830)
O mais famoso nome da independência hispano-americana, também chamado "O Libertador", Bolívar nasceu em Caracas, Venezuela. Inicia suas atividades revolucionárias em 1807. A partir de 1816, Bolívar começa a ação militar decisiva, estabelecendo-se em Angostura (hoje Cidade Bolívar). Três anos depois, obtém a independência da Colômbia na batalha de Boyacá. A esse triunfo segue-se a de Carabobo (1821), que libertou a Venezuela do domínio espanhol. Em 1822, seu lugar-tenente, Sucre, promoveu a separação do Equador com a vitória de Pichincha.

tos em livros caros, importados. Quando chegavam, como seria possível interpretá-los? Como poderiam ser utilizados, aplicados a uma realidade tão diferente daquela em que se originaram? Como se conseguiria traduzi-los em ação?

Podemos imaginar que os brasileiros que ouviram os franceses Benoît-Jules Mure (no Rio de Janeiro e em Santa Catarina) e Louis Léger Vauthier (em Pernambuco) falarem de socialismo devem ter ficado espantados e pode ser que tenham indagado: "Que bicho é esse?"

Apesar dessa estranheza, alguns brasileiros começaram a se interessar pela "novidade". Em Pernambuco, por exemplo, onde havia grande inquietação política, dois intelectuais não podem deixar de ser lembrados: Antônio Pedro de Figueiredo e José Inácio de Abreu e Lima.

REVOLTA PRAIEIRA (Recife, 1848)
Influenciada pelos movimentos liberais e nacionalistas europeus dos meados do século 19, esta foi a última grande rebelião liberal do Segundo Império, de protesto contra o excessivo poder central e pela ampliação dos direitos dos cidadãos. De ideal nacionalista, promoveu ataques aos grandes comerciantes estrangeiros. Reivindicava a criação, pelo governo, de oficinas para criar empregos. Exigia sufrágio universal, liberdade de imprensa, extinção do Poder Moderador, fim imediato da escravidão e distribuição das terras às famílias pobres. Essas reivindicações fizeram com que os grandes proprietários, que antes apoiavam os rebeldes, retirassem seu apoio e se juntassem ao governo imperial. A repressão foi brutal. A revolta estendeu-se até o ano de 1852.

Antônio Pedro de Figueiredo (1814-1859), de origem humilde, entusiasmou-se pela obra do filósofo francês Victor Cousin. O entusiasmo foi tão grande que um padre conservador apelidou-o, preconceituosamente, de *Cousin fusco*, que significa "Cousin pardo", uma alusão à cor de sua pele, pois Figueiredo era mulato. Simpatizava com as ideias socialistas. Em 1852, numa polêmica, escreveu que a aspiração dos socialistas era promover o aperfeiçoamento moral e material da humanidade; e acrescentou: "Para esse fim, cada escola socialista oferece meios diferentes, mas não há uma sequer cujas intenções deixem de ser puras e generosas".

José Inácio de Abreu e Lima (1794-1869) era filho do famoso "padre Roma", um revolucionário que havia participado da Insurreição Pernambucana de 1817 e fora fuzilado. José Inácio, militar, romântico, aventureiro galante, participou da campanha de Simon Bolívar contra a Espanha (nas lutas pela independência da Venezuela), incentivou a Revolta Praieira de 1848 e publicou, em 1855, um livro intitulado *O socialismo,* no qual não aderia ao novo movimento de ideias, porém procurava explicá-lo como uma manifestação da "tendência do gênero humano para tornar-se uma só e imensa família". Os sistemas de Saint-Simon, Fourier e Owen eram caracterizados como "aberrações do espírito humano"; mas isso, afinal, não importava. "Loucos, maníacos, excêntricos, não importa, todos são abelhas da mesma colmeia", ele afirmava.

Semente socialista em solo conservador

Por um lado, as ideias socialistas não tinham, aparentemente, nenhuma serventia na sociedade escravista. Na sociedade brasileira, o problema crucial não era a chamada *questão social* (a questão do movimento operário), como na Europa, era a *questão servil* (isto é, a questão da escravidão). Por outro lado, os intelectuais e os políticos, no Brasil, não podiam ignorar as ideias de um movimento que estava se tornando importante nos países europeus. A vida cultural brasileira gravitava em torno de referências típicas da cultura europeia, e o socialismo estava começando a se tornar um tema de discussão "quente" na França, país que a elite brasileira tanto admirava.

Escravos no Largo do Rocio, Rio de Janeiro, c. 1818.

Barricada da Comuna de Paris.

A Comuna de Paris, em 1871, teve grande repercussão entre nós. A imprensa passou a falar na Associação Internacional dos Trabalhadores (a Primeira Internacional) e exagerou o papel que ela teria desempenhado no levante dos trabalhadores parisienses. Os políticos e os jornais conservadores difundiam informações a respeito de crimes e atrocidades praticados pelos amotinados. Acuados pelas tropas do governo conservador, que se recusava a negociar com trabalhadores "subversivos", alguns grupos rebeldes (e não a direção da Comuna) haviam executado cerca de 90 prisioneiros. Derrotada a insurreição, os "defensores da ordem" promoveram uma verdadeira carnificina, na qual mataram mais ou menos 25 mil pessoas, acusadas de terem participado da Comuna. Uma proporção de 250 execuções pelas armas da repressão contra cada execução feita pelas armas dos revoltosos...

Apesar do banho de sangue promovido pelos vitoriosos, eles conseguiram difundir no mundo inteiro a imagem de que a Comuna havia sido "obra de celerados". E os ideais socialistas eram apresentados como instigadores das violências cometidas pelos revolucionários.

O Brasil, dirigido por forças políticas conservadoras, foi palco de muitas condenações da Comuna. Alguém (não se sabe quem) se lembrou de perguntar

REVOLTA DA CHIBATA (1910)
Rebelião ocorrida no Rio de Janeiro, liderada pelo marinheiro João Cândido, contra os castigos corporais então vigentes na Marinha, ainda que proibidos por lei. Reivindicações: abolição definitiva da chibata, aumento do soldo e anistia dos rebeldes. Rui Barbosa conseguiu aprovar um projeto atendendo as reivindicações, mas tão logo os oficiais retomaram o comando dos navios, João Cândido e seus seguidores foram presos. A maioria morreu em consequência dos maus tratos recebidos na prisão.

o que se deveria fazer com os cidadãos franceses que, depois de terem participado da Comuna, tivessem conseguido fugir e viessem para cá. O ministro dos Negócios Estrangeiros (hoje o cargo é chamado de *ministro das Relações Exteriores*) assegurou aos deputados que o governo brasileiro não vacilaria em extraditar qualquer rebelde foragido que aqui chegasse, para que o governo francês o punisse. Com isso se alegrou um deputado conservador, que fez um discurso qualificando o "comunismo" – que, como o próprio nome sugeria, tinha inspirado a Comuna – como "o cancro do mundo moderno".

Havia, entretanto, quem simpatizasse com a Comuna. Entre os jovens, sobretudo, os revoltosos (os *communards*) chegaram a ser vistos com admiração. O político republicano Lúcio de Mendonça, por exemplo, quando tinha 17 anos, participou de atos nos quais os estudantes de Direito, em São Paulo, manifestaram – de forma zombeteira – apreço pelo programa comunista: "O comunismo enobrece, santifica o trabalho, suprimindo o intuito egoístico de acumulação da propriedade, que desaparece, como desnecessária, e suprimindo a ambição de dinheiro, de moeda [...]".

Além disso, brasileiros que estavam no exterior e podiam se informar melhor a respeito do que estava realmente acontecendo na Europa tentaram corrigir a versão distorcida da participação das ideias de Marx na explosão rebelde da Comuna. A revista *Echo Americano,* que era editada em Londres, em português, dirigida por Luís de Bívar e Melo Morais Filho, publicou em seu número 20, de 29 de fevereiro de 1872, um extenso artigo sobre o "dr. Karl Marx". Marx era caracterizado como um sábio, um cientista que vinha sendo alvo de "muita malignidade", porém havia desenvolvido uma doutrina muito séria, segundo a qual as classes sociais se fundirão, historicamente, "na Associação dos Produtores Livres, baseada sobre a propriedade coletiva do terreno e dos instrumentos de trabalho".

Mas, em geral, os intelectuais brasileiros daquele período ignoravam Marx, ou então tinham dele uma visão superficial e preconceituosa. Os autores que se referiam a ele davam a impressão de que estavam pouco familiarizados com seus escritos. Rui Barbosa citou-o em 1884, numa passagem meio trôpega, que o põe ao lado de Saint-Simon, Proudhon e Henry George, e fala dele como um "apóstolo" da "partilha do capital" (quando Marx, na verdade, elaborou toda a sua obra com a preocupação de promover, não a partilha, mas a *superação* do capital). Clóvis Bevilacqua, um importante jurista brasileiro, também citou Marx, em 1886, em termos que sugerem nunca tê-lo estudado diretamente (já que equipara a posição de Marx à de Ferdinand Lassalle).

Tobias Barreto, admirador da cultura alemã, pode tê-lo lido. Em 1883, escreveu que Marx havia dito "uma bela verdade", quando afirmara que cada época histórica tem

Rui Barbosa (1849-1923) Baiano, participou de todas as grandes questões de sua época. Nos primeiros anos da República, enquanto ministro da Fazenda, mandou destruir as cópias das matrículas e registros de propriedade de escravos, dificultando ações que reivindicassem, perante o governo, a indenização da propriedade perdida com a abolição.

Machado de Assis (1839-1908) Carioca, escritor, foi um dos fundadores da Academia Brasileira de Letras.

suas próprias leis. Porém Sílvio Romero, que em 1894 acusou "a Internacional de Marx" de hesitar "entre o utopismo e o despotismo", certamente não dominava a matéria sobre a qual estava falando: a linha social-democrática da Internacional, em 1894, estava longe tanto do utopismo quanto do despotismo; e ela já era a Segunda Internacional, não era mais "a Internacional de Marx", pois Marx havia morrido 11 anos antes (era, no máximo, a Internacional de Engels...).

Marx não era – nem podia ser – no Brasil de então, o colosso que começava a despertar a admiração de grande parte dos socialistas europeus. Na Europa, seu nome estava ligado a um pensamento que se traduzia numa ação, representava um movimento que interferia vigorosamente na vida política. Aqui, tinha uma repercussão abstrata, imprecisa, às vezes pitoresca ou divertida.

Aliás, a referência mais divertida feita a Marx no século 19 por um intelectual brasileiro é aquela que se encontra numa crônica de Machado de Assis. O genial escritor brasileiro imagina a chegada ao Brasil, em 1885, de um socialista russo fictício, de nome Petroff; e representa esse Petroff escrevendo um relatório para o "Centro do Socialismo Universal" (imaginariamente situado em Genebra, na Suíça). Petroff comparece a um baile de uma "sociedade socialista" no Rio e supõe que se trata de uma organização política revolucionária, quando, na verdade, "sociedade socialista" era um nome que se dava a associações recreativas. Ingenuamente, o agitador confunde a reunião festiva com um encontro de seus correligionários. Os mal-entendidos se sucedem. Por fim, Petroff faz um discurso veemente, que ninguém entende, mas todos aplaudem, rindo. E, fazendo seu informe aos companheiros de Genebra, lhes diz: "Não posso dar-lhes ideia dos aplausos que recebi. Todas as teorias de August Bebel, de Cabet, de Proudhon e do nosso incomparável Karl Marx foram perfeitamente entendidas e aclamadas" (*Gazeta de Notícias*, 13/1/1885).

Chegando ao movimento operário

A gozação feita por Machado de Assis era lúcida: enquanto não fossem assimiladas pelos trabalhadores organizados (isto é, pelo público a que se destinavam), não só as ideias de Marx, mas também as ideias de Cabet, de Proudhon, de Bebel e dos socialistas

---

August Bebel (1840-1913) Fundador e líder do Partido Social-democrata Alemão e da Segunda Internacional. Em 1869, com Liebknecht, fundou o Partido Operário Social-democrata Alemão.

Étienne Cabet (1788-1856) Dirigente do jornal *Le Populaire*, socialista utópico francês, escreve *Histoire populaire de la Révolution de 1789 a 1830* e, em 1839, publica obra, em forma de romance, em que defende o comunismo como "a mais perfeita e a mais completa realização da democracia".

em geral ficavam, por assim dizer, soltas no espaço, não tinham nenhuma incidência efetiva sobre os movimentos sociais, não faziam história. Assumiam um aspecto bizarro.

O Brasil só poderia ter um proletariado significativo, influente, se a industrialização avançasse. E a industrialização só avançaria com o fim do sistema baseado na exploração do trabalho escravo dos negros.

Foi um processo lento, porém a abolição, em 1888, abriu caminho para o aumento gradual de estabelecimentos industriais, geralmente pequenos. Esboçou-se um tímido "surto de industrialização". Aos poucos, multiplicaram-se os grupos de trabalhadores, os embriões das futuras organizações sindicais. E cresceu, também, o número das publicações voltadas para o novo público leitor.

Com sua propaganda enfatizando a ideia do "progresso", a República, proclamada em 1889, parecia constituir um estímulo aos esforços de industrialização. Alguns socialistas pioneiros do nosso movimento operário nascente se mostraram sensíveis a essa propaganda republicana. Um deles, Vicente de Souza, por exemplo, viu na República a "afirmação plena dos princípios redentores da humanidade". E sustentou que ela, num futuro próximo, "vestida com os troféus refulgentes da última vitória contra o mal, chamar-se-á socialismo".

Os socialistas se sentiram animados com a proclamação da república e com a multiplicação dos

Escravos seguindo para o trabalho no campo.

Vista do bairro do Brás: em primeiro plano, o Moinho Mariângela das Indústrias Matarazzo, início do século 20.

Seção de tecelagem das Indústrias Matarazzo. São Paulo, c. 1920.

Comemoração do "1º de Maio" na Praça da Sé em São Paulo, 1919.

grupos de trabalhadores em estabelecimentos industriais. Na medida em que passavam a atuar, entretanto, e conseguiam ter alguma repercussão no que diziam (e faziam), os socialistas não podiam deixar de perceber que estavam divididos: eram obrigados a se defrontar com as diferenças internas das correntes que formavam o socialismo.

Apareceram, então, dois polos distintos: um, constituído pela social-democracia, que estava organizada em torno da Segunda Internacional, inspirada nas posições de Marx, Engels, Kautski, Lassalle, Bebel etc.; o outro, composto pelo socialismo libertário, baseava-se no legado dos socialistas utópicos, mas se apoiava sobretudo nas concepções de Bakunin, de Piotr Kropotkin e de Errico Malatesta.

Social-democratas e socialistas libertários

As relações entre socialistas libertários e social-democratas tinham momentos de diálogo cordial e também atritos e tensões. Nas polêmicas entre as duas tendências, os social-democratas acusavam os socialistas libertários de serem "imaturos", "aventureiros", "sectários" e de fazerem "o jogo do inimigo". E os socialistas libertários acusavam os social-democratas de serem "oportunistas", "acomodados", "conciliadores" e de fazerem... "o jogo do inimigo".

Os social-democratas desenvolviam intensa atividade de difusão e pregação dos seus ideais. Em Santos (SP), o médico sergipano Silvério Fontes (1858-1928), com a ajuda de Soter de Araújo e Carlos de Escobar, divulgava as teorias adotadas pelos principais dirigentes da Segunda Internacional, pondo ênfase no que chamava de "coletivismo reformista" e invocando uma "plêiade de pensadores socialistas", dos quais o *primus inter pares* (o mais destacado) seria Marx. Em São Paulo, o professor Antônio Piccarollo

20 de setembro de 1900: é lançado em São Paulo o jornal socialista *Avanti!*, em italiano, que circulará até 1909.

(1868-1957), que chegou da Itália em 1904, em 1908 já se sentia em condições de publicar uma interpretação social-democrática da realidade brasileira (usando ideias de Engels). E Alcibiade Bertolotti, engenheiro, defendia as posições da social-democracia pelas páginas do jornal *Avanti* e também através de conferências, nas quais vendia retratos de Marx.

Em Recife, o tipógrafo, jornalista e poeta João Ezequiel de Oliveira Luz (1869-1922) exaltava Marx nas páginas do jornal *Aurora Social* com arroubos de uma curiosa retórica parnasiana, referindo-se a ele como "o herói querido que dorme o derradeiro sono, enquanto sua alma límpida, feita de luz e amor, ilumina os nossos passos na longa trajetória de nossos ideais".

No Rio Grande do Sul, igualmente, no início do século 20, houve uma intensa atividade de socialistas vinculados às posições da Segunda Internacional. Mas as expressões mais conhecidas dessa tendência aconteceram no Rio de Janeiro, onde o professor de latim e propagandista republicano Vicente de Souza (1852-1908) fundou um Centro das Classes Operárias, que teve curta duração. Nesse centro atuavam Mariano Garcia, que foi trabalhador numa indústria de cigarros, e Estevam Estrella, corretor e jornalista baiano, que desenvolveu sua atividade política no Rio de Janeiro.

O campo dos socialistas libertários era mais extenso e mais complicado que o dos social-democratas. Os anarquistas "puros" não só recusavam a política partidária como desconfiavam muito da política sindical: queriam se concentrar na pregação doutrinária e na chamada "ação direta" (atos de repercussão, que não poderiam ser corrompidos pelas instituições "burguesas" e abalariam a opinião pública, sacudindo os espíritos e alertando-os para a gravidade dos problemas). Já os anarcossindicalistas mergulhavam fundo na movimentação dos grupos de trabalhadores que se organizavam em bases sindicais.

> **COLÔNIA CECÍLIA e Giovanni Rossi** (1856-1943)
>
> Italiano, anarquista, idealizador da comunidade libertária Colônia Cecília, fundada no Brasil em 1890. Por intermédio do músico Carlos Gomes, Rossi conseguiu uma doação de terras no Estado do Paraná, pelo imperador d. Pedro II.
>
> O primeiro núcleo de libertários que fundaria a Colônia Cecília chegou ao Brasil em fevereiro de 1890, instalando-se em abril. A experiência da Colônia Cecília era vista por Rossi, não só como uma oportunidade de aplicar os princípios socialistas à produção, mas também em relação à organização do coletivo, às relações pessoais e até às relações amorosas.
>
> A República, menos complacente com os anarquistas do que o Império, inicia o cerco à Colônia Cecília, com cobrança de impostos e repressão policial.
>
> Em 1893, Rossi retirou-se da Colônia (que se manteve, no entanto, por mais um ano), indo trabalhar como agrônomo e veterinário no Rio Grande do Sul e em Santa Catarina, onde colaboraria na criação das primeiras cooperativas agrícolas. Em 1906 regressou à Itália, onde morreu em 1943.
>
> A experiência comunitária anarquista, que chegou a ter 300 pessoas, acabou desaparecendo em função da repressão e das dificuldades econômicas, em 1894. Algumas famílias ficaram na região e outras foram para Curitiba, Porto Alegre e São Paulo, onde continuaram sua militância, sendo responsáveis pelo surgimento de sindicatos e jornais libertários.

Os socialistas libertários, em geral, desenvolveram uma atividade apaixonada na difusão de seus ideais, através da imprensa (pequenos jornais), por meio de discursos e palestras e de atitudes exemplares (de coragem e desprendimento).

Já em 1890, um anarquista italiano, Giovanni Rossi, havia fundado no Paraná uma colônia povoada por libertários (a Colônia Cecília), mas o grupo enfrentou dificuldades internas, teve problemas com vizinhos conservadores e foi intimidado por cobradores de impostos, de modo que a experiência fracassou.

Na passagem do século 19 ao século 20, o proletariado que estava se formando no Brasil absorvia a experiência de numerosos trabalhadores estrangeiros que vinham para cá como imigrantes. Já falamos nos nomes de alguns deles; mas muitos outros poderiam ser lembrados. Luigi (Gigi) Damiani, por exemplo, era amigo e colaborador de Malatesta: pregava o amor livre e a luta de classes, foi preso e expulso do Brasil, em 1919. Outros italianos, como Oreste Ristori, Galileo Botti, Vicente Vacirca e Augusto Donati, despertaram admiração pelos serviços prestados à causa da difusão das ideias do socialismo (frequentemente do anarquismo). E havia o português Gregório Nazianzeno Vasconcelos, cujo pseudônimo era Neno Vasco, que viveu no Brasil de 1901 a 1910, numa intensa pregação dos ideais ácratas (as teorias anarquistas). E havia, ainda, o francês Paul Berthelot, professor de esperanto, que resolveu estudar as instituições "comunistas" dos índios brasileiros; penetrou no interior do nosso país até a região do Araguaia e lá morreu, em 1907.

Os anarquistas "impuros" tiveram uma eficácia política muito maior que os anarquistas "puros". Em geral, esses anarquistas "impuros" foram capazes de participar mais efetivamente da vida e das lutas das comunidades a que estavam ligados. Faziam pregação doutrinária, mas também sabiam agitar, quando a agitação lhes parecia necessária (na hora de reivindicar aumento de salários, de fazer greve, de protestar contra a prepotência patronal, ou então na hora de denunciar as mentiras dos ricos e a hipocrisia da hierarquia da Igreja).

Não tem sentido fazermos aqui uma lista dos nomes de socialistas que se notabilizaram, naquele tempo, como expoentes da linha de ação anarcossindicalista. De passagem, lembramos apenas alguns, entre os mais importantes: Edgard Leuenroth (1881-1968, operário gráfico que se tornou jornalista); J. Mota Assunção (diretor do jornal *O Protesto*, no Rio de Janeiro); Luiz Magrassi (diretor do jornal *Novo Rumo*, também no Rio); Primitivo Raimundo Soares (que se tornou conhecido sob o pseudônimo de Florentino de Carvalho); e Everardo Dias (1883-1966, diretor do jornal *O Livre Pensador*, cujas páginas acolhiam artigos não só dos socialistas libertários mas também dos social-democratas).

Nas duas primeiras décadas do século 20, os anarcossindicalistas assumiram a hegemonia dos setores mais combativos do incipiente movimento operário brasileiro. Em 1903, começaram a aumentar as reivindicações dos trabalhadores, que fizeram várias greves. Nos anos seguintes, até 1910, o número de greves passou de cem; foram fundadas várias *uniões operárias*, cooperativas e associações de auxílio e socorro mútuo. Em 1906, realizou-se um congresso operário (e, em 1913, um segundo congresso operário).

Edgard Leuenroth
Natural de Mogi Mirim (SP), tipógrafo, fundador do Centro Tipográfico de São Paulo. Nos primeiros anos do século 20, organizou diversas agremiações de trabalhadores, principalmente ligados à imprensa. Militante na imprensa operária e anarquista, lutou pelos ideais libertários e colaborou para a preservação da memória dos movimentos populares no Brasil.

Chegando à cultura brasileira

Quando as ideias socialistas passaram a desempenhar um papel significativo na mobilização dos trabalhadores, ainda que essa mobilização se realizasse numa escala modesta, os intelectuais começaram a se debruçar sobre as novas concepções com maior interesse e seriedade.

Euclides da Cunha (1866-1909), por exemplo, entrou em contato com socialistas e, já em 1904, se referia às "estupendas utopias de Saint-Simon", às "tentativas bizarras de Fourier" e à "segurança do raciocínio" de Marx. O advo-

Everardo Dias
Espanhol, operário e jornalista, foi importante militante do movimento operário brasileiro nas primeiras décadas do século 20. Dirigiu o jornal *O Livre Pensador*, de São Paulo. Participou da fundação do "Grupo Clarté do Brasil", organização que reunia operários e intelectuais simpáticos às teses da Revolução Russa.

Mulheres aprisionadas no Arraial de Canudos, Belo Monte (BA).

Igreja de Santo Antônio (velha) no Arraial de Canudos, Belo Monte (BA), 1897.

Euclides da Cunha

Natural de Cantagalo (RJ), jornalista, membro da Academia Brasileira de Letras, foi designado, pelo jornal *O Estado de S.Paulo*, observador do movimento rebelde chefiado por Antônio Conselheiro no arraial de Canudos, no sertão baiano. Assistiu, de 1º a 5 de outubro de 1897, aos últimos dias da luta do Exército contra os seguidores do Conselheiro. As reportagens transformaram-se no seu grande livro, *Os sertões*. A publicação de *Os sertões* é um marco na vida intelectual do Brasil. Livro único, sem igual em outras literaturas, mistura ensaio, história, ciências naturais, epopeia, lirismo e drama, mostrando a definitiva conquista da consciência de brasilidade pela vida intelectual do país.

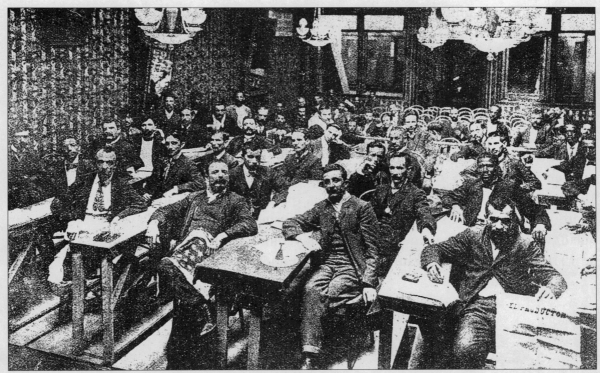
1º Congresso Operário Brasileiro, realizado no Rio de Janeiro em abril de 1906. (*O Malho (RJ)*, 28/4/1906).

gado Evaristo de Moraes (1871-1939) aproximou-se dos socialistas ligados à Segunda Internacional e os apoiou, convencido de que os intelectuais deviam se aliar à classe operária, ajudando os trabalhadores a se prepararem para intervir na política. O crítico literário e historiador da literatura José Veríssimo (1857-1916), em 1907, falava num "desenvolvimento sempre crescente do socialismo" e previa: "será a doutrina política do século 20 ou 21, tão certo como a filosofia social do século 18 foi a doutrina política do 19".

Curiosa essa previsão de José Veríssimo, de que o socialismo agiria no futuro como um fermento semelhante ao da *filosofia das luzes,* que, elaborada no século 18, exerceu uma influência decisiva sobre o liberalismo do século 19. Interessante, também, a repercussão dos ideais socialistas – especialmente dos socialistas libertários – na ficção literária brasileira do começo do século 20. O médico Fábio Luz (1864-1938) escreveu romances nos quais ilustrava teses anarquistas. O mesmo fez Avelino Foscolo (1864-1944) que, antes de se tornar romancista, trabalhou como operário nas minas de Morro Velho. E no romance *Regeneração,* de 1904, Manuel Curvelo de Mendonça (1870-1914) punha o personagem Antônio a ler para sua família textos de Kropotkin e o mostrava, também, tentando fundar um falanstério, conforme o modelo proposto pelo socialista utópico Fourier.

Antônio Evaristo de Moraes
Carioca, advogado, professor, escritor, um dos fundadores da Associação Brasileira de Imprensa, do Partido Operário (1890) e do Partido Socialista (1920). Defensor do grupo liderado pelo marinheiro João Cândido – Revolta da Chibata.

Cabe aqui uma última referência a dois intelectuais socialistas que se destacaram nesse período: um como defensor dos ideais ácratas, outro como representante da perspectiva social-democrática. O filólogo José Oiticica (1882-1957), professor do Colégio Pedro II, tornou-se uma espécie de campeão do anarquismo. E o jornalista Antônio dos Santos Figueiredo viria a ser, como veremos adiante, um dos primeiros autores a tentar escrever uma interpretação socialista da realidade brasileira (uma interpretação bem mais aprofundada do que aquela que já mencionamos antes, feita pelo italiano Antônio Piccarollo).

Um caso à parte no capítulo das influências socialistas sobre intelectuais brasileiros do começo do século 20 é o do romancista Afonso Henriques de Lima Barreto (1881-1922), genial autor de *Triste fim de Policarpo Quaresma*, colaborador de publicações anarquistas, que – na sua simpatia pelo socialismo – acolheu com aplausos as notícias que davam conta da Revolução Russa de novembro de 1917. Num artigo de 11 de maio de 1918, Lima Barreto concluía: "A face do mundo mudou. Ave, Rússia!"

José Oiticica
Mineiro de Oliveira, filólogo, escritor, foi destacado militante anarquista nas primeiras décadas do século 20.

José Veríssimo
Paraense de Óbidos, jornalista, professor, educador, crítico e historiador literário, foi um dos fundadores da Academia Brasileira de Letras.

Lima Barreto
Carioca, escritor engajado em questões sociais, sofreria uma série de restrições pelas suas atitudes contra o racismo, em prol da Revolução Russa de 1917 e na defesa das insurreições anarquistas de São Paulo e Rio de Janeiro em 1917 e 1918. Além das críticas aos valores conservadores e elitistas da sociedade brasileira, inseridas em seus textos literários, era crítico da falta de ética na política e da dependência externa, afirmando que "... o Brasil é e está sendo caudatário desavergonhado da América do Norte".

3 – OS COMUNISTAS BRASILEIROS

Os anarquistas

A guerra mundial de 1914-1918 teve grandes consequências para os brasileiros. Ela mexeu com a nossa economia: as exportações de café caíram, os mercados da Alemanha e da Áustria se fecharam para os produtos brasileiros; o desemprego, aqui, aumentou.

Em 1907 e em 1913 já haviam sido aprovadas no Congresso leis que autorizavam a polícia a prender e deportar os estrangeiros "indesejáveis". Os conservadores acreditavam que, expulsos os agitadores estrangeiros, os operários brasileiros se tornariam mais "dóceis". Não foi isso, entretanto, o que aconteceu.

Em 1917, o operariado nacional, sentindo-se prejudicado, revoltou-se contra os baixos salários. Em São Paulo, os tecelões protestaram contra as condições de trabalho que lhes

Primeira Guerra Mundial – protesto contra o afundamento de navios brasileiros. Rio de Janeiro, abril de 1917.

Flagrante de combate – Primeira Guerra Mundial.

eram impostas pelos patrões e o movimento se alastrou com surpreendente rapidez. A polícia reprimiu a greve com truculência e matou um trabalhador, porém a mobilização se ampliou ainda mais e chegou a envolver cerca de 100 mil pessoas. Um comitê de jornalistas, com a aprovação do governo estadual, encaminhou negociações que levaram o empresariado a fazer algumas concessões.

Era o início de um período bastante tumultuado. De 1917 a 1920, houve mais de 200 greves no Rio de Janeiro e em São Paulo. No Rio, o Dia do Trabalhador (1º de Maio), em 1919, foi comemorado na Praça Mauá por uma multidão de 50 mil pessoas. Lançou-se uma campanha pedindo a limitação da jornada de trabalho em oito horas.

Greve geral em São Paulo, Ladeira do Carmo, 1917 – enterro do operário Martinez (*A Cigarra*, São Paulo, 26/7/1917).

1º DE MAIO

Mobilização de trabalhadores na Praça da Sé, em São Paulo, em comemoração ao "1º de Maio" de 1915.

"Declaramos que a limitação da jornada de trabalho é a condição prévia, sem a qual todas as demais aspirações de emancipação sofrerão inevitavelmente um fracasso." (K. Marx, resolução da Primeira Internacional, quando os trabalhadores definiram a luta internacional pela jornada de 8 horas). A lógica desse texto é simples: o capital tira o lucro do trabalho não pago; quanto maior a jornada de trabalho, maior o lucro.

No século 19, a necessidade de limitação da jornada de trabalho tornou-se uma das lutas centrais e imediatas da classe operária. Essa reivindicação passou a mobilizar trabalhadores em todo o mundo. E será nos Estados Unidos (EUA) que ela ganhará mais vigor, com a criação das Grandes Ligas de Oito Horas, a partir de 1850.

Em março de 1857, na Tecelagem Cotton, Nova York (EUA), 129 trabalhadoras entraram em greve reivindicando jornada de 10 horas diárias de trabalho. Como não houve adesão dos trabalhadores, essa foi considerada a primeira greve estadunidense só de mulheres. Houve violenta repressão e as trabalhadoras refugiaram-se dentro da fábrica. Em 8 de março, os patrões mandaram a polícia incendiar a fábrica – todas as operárias morreram carbonizadas. O dia 8 de março foi declarado "Dia Internacional da Mulher", na Segunda Conferência Internacional da Mulher, realizada na Dinamarca, em 1910.

Em 1º de maio de 1886, em Chicago (EUA), são marcadas manifestações com a palavra de ordem: "8 horas de trabalho, 8 horas de descanso, 8 horas de educação".

Os choques com a repressão – violenta – são inevitáveis: 38 mortos, centenas de feridos e vários líderes presos. Depois de um julgamento tendencioso (uma farsa), sob a acusação de terem assassinado um policial, cinco operários foram condenados à morte (Lingg "suicida-se" e Spies, Parsons, Fischer e

"1º de Maio" de 1925 – Praça Mauá, Rio de Janeiro. Pela primeira vez, o "Dia do Trabalhador" é comemorado como feriado oficial no Brasil.

Engel são enforcados), Neebe, Schwab e Fielden são condenados à prisão perpétua.

Antes de sua morte, August Spies disse: "Com o nosso enforcamento, vocês pensam em destruir o movimento operário. Aqui vocês apagam uma faísca, mas lá e acolá, atrás e na frente de vocês, em todas as partes, as chamas crescem e vocês não podem apagá-las."

Enquanto isso, a burguesia vociferava: "A prisão e os trabalhos forçados são a única solução adequada para a questão social." (*Chicago Times*) "Estes brutos (os operários) só compreendem a força, uma força que possam recordar durante várias gerações..." (*New York Tribune*)

Em 14 de julho de 1889, o Congresso Internacional dos Partidos Socialistas, realizado em Paris, proclama o "1º de Maio" como a data internacional de luta dos trabalhadores.

NO BRASIL

Os primeiros movimentos sociais relacionados ao "1º de Maio" aconteceram em 1890. Em junho daquele ano, trabalhadores reuniram-se em São Paulo para formar o Partido Operário. Uma de suas reivindicações era a jornada de 8 horas. O partido teve vida efêmera, mas a data é lembrada como a primeira manifestação brasileira pela jornada de 8 horas. A conquista da jornada de 8 horas somente viria a ocorrer em 1932, por decreto do então presidente Getúlio Vargas.

Fac-símile da *Voz do Povo* (RJ) de 1º de maio de 1921.

Fac-símile de *O Trabalhador Graphico* (SP) de 1º de maio de 1926.

A primeira grande manifestação do "1º de Maio" ocorreu no Rio de Janeiro, em 1906, organizada pela Confederação Operária Brasileira – COB – primeira experiência de central sindical do país. Contrariando as tendências da época, a COB combatia veementemente aqueles que encaravam a data como feriado, como festa. As palavras de ordem eram: jornada de 8 horas; melhores condições de trabalho; autonomia sindical.

"MEU MAIO

A todos
que saíram às ruas,
de corpo-máquina cansado,
a todos
que imploram feriado
às costas que a terra
extenua
Primeiro de Maio!
O primeiro dos maios:
saudai-o enquanto
harmonizamos voz em
canto.

Sou operário
este é meu maio!
Sou camponês
este é meu mês.
Sou ferro
eis o maio que eu quero!
Sou terra
O maio é minha era!"

(Vladimir Maiakovski)

O movimento operário vivia intensamente aqueles anos e discutia muito sobre sua organização. Já haviam sido feitas diversas tentativas de fundação de partidos operários, em geral por homens que não eram operários, como Gustavo de Lacerda e José Augusto Vinhaes, de origem militar. Na conjuntura de 1917-1920, a questão do partido voltou a estar na ordem do dia: os proletários deveriam se organizar num partido? Deveriam participar da vida político-partidária? Ou seria melhor repelir as imposições organizativas da atividade partidária como embustes e artimanhas da burguesia, incompatíveis com a liberdade dos homens do povo?

Os anarquistas haviam conquistado uma posição de liderança e mereciam enorme respeito pela firmeza e pela combatividade que demonstravam. Porém, quanto mais crescia a tendência no sentido de organizar os trabalhadores num partido político, mais eles reagiam contra a ideia e iam se isolando no movimento operário.

A liderança anarquista mostrou sinais de divisão. Alguns dos socialistas libertários mais atuantes passaram a se interessar pelas novas concepções que haviam se manifestado na Revolução Russa, na conquista do poder pelos comunistas, liderados por Lenin, em 1917. As notícias que chegavam aqui sobre o evento eram escassas e confusas. Muita gente se perguntava: o que se passou realmente na Rússia? Quem é Lenin? O que é o comunismo? Em que, exatamente, ele se distingue do anarquismo? As diferenças entre os dois seriam, afinal, importantes, ou podiam ser consideradas secundárias? O teórico anarquista e professor José Oiticica ainda tentou, em 1919, fundar no Brasil um partido "comunista" (aproveitando a popularidade que o termo estava ganhando), porém o programa apresentado pelo novo partido não tinha nada a ver com o leninismo: continuava a ser inteiramente anarquista.

Pouco a pouco, foram chegando novas informações sobre a Rússia. Evidenciaram-se diferenças extremamente graves entre as concepções socialistas dos revolucionários russos e as concepções dos socialistas libertários brasileiros. O anarquista Kropotkin havia ficado marginalizado pelo regime instituído pelos comunistas. Na Ucrânia, o grupo anarquista de Nestor Makno, que lutara ao lado dos bolchevistas contra as tropas dos "russos brancos" (contrarrevolucionários), foi dizimado em 1921 pelo "exército vermelho", comandado por Trotski. As medidas políticas de centralização do poder e de militarização do Estado, tomadas por Lenin e seus companheiros, não tinham nada a ver com os princípios do socialismo libertário.

Quando a situação da Rússia – já transformada em União Soviética – ficou mais esclarecida, a divisão dos anarquistas brasileiros passou a ter consequências irreversíveis: uns ficaram fiéis às doutrinas de Bakunin, Kropotkin e Malatesta; outros, porém, resolveram estudar o leninismo e acabaram aderindo às novas concepções adotadas na Revolução Russa.

A fundação do Partido Comunista do Brasil

Na Argentina, o Partido Comunista havia sido fundado em 1918 por integrantes da esquerda do Partido Socialista. Já no Brasil, onde não existia Partido Socialista, o Partido Comunista se constituiu a partir das discussões de ex-anarquistas, que estavam revendo suas posições.

Em março de 1922, havia 73 militantes convertidos ao leninismo em todo o Brasil dispostos a fundar o novo parti-

Astrojildo Pereira Duarte Silva
Nasceu em Rio Bonito (RJ). Anarquista na juventude, foi um dos promotores, em 1913, do II Congresso Operário Brasileiro. Iniciou sua carreira de jornalista na imprensa operária. Com a vitória da Revolução Russa, em 1917, começou a se afastar do anarquismo. Em 1922, participou do congresso de fundação do Partido Comunista do Brasil (PCB). Em 1925, o PCB iniciou a publicação do jornal *A Classe Operária*, que teve Astrojildo e Octávio Brandão como principais redatores. Em 1931, desligou-se do PCB, passando a fazer crítica literária. Retornou ao PCB em 1945, quando passou a colaborar intensamente com a imprensa partidária.

Fundadores do PCB, 1922.

FUNDAÇÃO DO PCB

Em 25, 26 e 27 de março de 1922, representando grupos de Porto Alegre, Recife, São Paulo, Cruzeiro (SP), Niterói (RJ) e Rio de Janeiro (grupos de Santos/SP e Juiz de Fora/MG não puderam enviar representantes), fundaram, no Rio de Janeiro, sob o impacto da Revolução Socialista Russa de 1917, o Partido Comunista do Brasil, que se filiou à Terceira Internacional. Seu objetivo, publicado no *Movimento Comunista*, órgão nacional do partido, era "atuar como organização política do proletariado e também lutar e agir pela compreensão mútua internacional dos trabalhadores. O partido da classe operária é organizado com o objetivo de conquistar o poder político pelo proletariado e pela transformação política e econômica da sociedade capitalista em comunista." Em Pé, da esquerda para a direita: Manuel Cendón, Joaquim Barbosa, Astrojildo Pereira, João da Costa Pimenta, Luís Peres e José Elias da Silva; sentados: Hermogênio Silva, Abílio de Nequete e Cristiano Cordeiro.

do. A maioria provinha do anarquismo. Publicaram uma revista intitulada *Movimento Comunista* e elegeram nove delegados, que se reuniram no Rio de Janeiro, nos dias 25 e 26, e em Niterói, no dia 27 de março daquele ano.

Os nove delegados que realizaram o congresso de fundação do partido não eram fanáticos de coração endurecido. No encerramento da última reunião, cantaram a *Internacional*, mas tomaram cuidado para não cantar o hino revolucionário em voz muito alta, para não perturbar as duas tias velhas de Astrojildo Pereira Duarte Silva, em cuja casa se realizava a sessão final do congresso.

Abílio de Nequete (1888-1960), nascido no Líbano, naturalizado brasileiro, radicado no Rio Grande do Sul, era barbeiro de profissão. Trabalhava como caixeiro-viajante e se mantinha em contato com os comunistas uruguaios; foi eleito secretário-geral da nova agremiação. Logo após o levante do Forte de Copacabana, em 5 de julho de 1922, o governo decretou o estado de sítio e aproveitou para proibir o funcionamento do novo partido (que não tinha nenhuma relação com o levante). Abílio de Nequete foi preso e espancado. Quando saiu da cadeia, resolveu renunciar à secretaria-geral e voltar para o Rio Grande do Sul.

Sucedeu-o, então, Astrojildo Pereira Duarte Silva (1890-1965), um jornalista que desde 1911 vinha se destacando na pregação dos ideais socialistas libertários e que, ao longo dos anos de 1920, tornou-se o grande organizador do Partido Comunista.

Os outros sete fundadores do Partido Comunista foram Cristiano Cordeiro, advogado e funcionário público; Hermogênio Silva, eletricista e ferroviário; João da Costa Pimenta, operário gráfico; Joaquim Barbosa, alfaiate; José Elias da Silva, funcionário de uma escola pública num subúrbio carioca; Luís Peres, artesão fabricante de vassouras; e Manuel Cendón, alfaiate, nascido na Espanha, o único que tivera militância num partido socialista, porque havia morado algum tempo na Argentina.

Os nove fundadores do Partido Comunista estavam imbuídos de muitas esperanças, mas ao mesmo tempo a situação lhes impunha inevitáveis dúvidas a respeito das possibilidades de duração da agremiação que estavam criando. O que poderiam fazer 73 militantes espalhados num país imenso para promover a transformação revolucionária da sociedade?

Além das dificuldades que enfrentavam para adotar teorias que entravam em choque com as convicções que defendiam anteriormente, os fundadores do Partido Comunista se viam severamente criticados por seus ex-companheiros fiéis aos ideais ácratas, que os acusavam de "vira-casacas".

Para se sentirem seguros de que o novo partido iria sobreviver (e não desaparecer em pouco tempo, como já havia acontecido com outros partidos operários), os comunistas brasileiros se empenharam em ser reconhecidos como parte de um vasto movimento mundial. Para isso, mandaram Antonio Bernardo Canellas a Moscou, com a incumbência de conseguir a filiação do PC do Brasil à Terceira Internacional. Canellas, ex-anarquista,

MARCHA DOS "18 DO FORTE" DE COPACABANA (5/7/1922)
A prisão do Marechal Hermes da Fonseca, determinada pelo então presidente Epitácio Pessoa, em 2/7/1922, resultou em uma crise política com vários levantes militares no Rio de Janeiro, em Niterói e no Mato Grosso. O movimento chamado "18 do Forte" foi parte dessa crise.

Em 1924, Rodolfo Coutinho conviveu com Ho Chi Minh em Moscou. Na foto, Coutinho aparece atrás, de pé. Ho Chi Minh está à direita, olhando para o lado.

que havia desenvolvido intensa atividade política no Nordeste do Brasil, compareceu ao IV Congresso da Internacional Comunista, em novembro e dezembro de 1922.

Em Moscou, Canellas entrou em conflito com os representantes dos comunistas argentinos e uruguaios, discutiu com Trotski e voltou sem ter feito o PC do Brasil ser "oficializado" pela Internacional. Os comunistas brasileiros ficaram muito decepcionados com o "fracasso" da missão de que Canellas fora incumbido. E não atentaram para algumas observações interessantes que constavam do relatório do malsucedido emissário: Canellas advertia para os riscos de uma "doutrina" que estava sendo elaborada na Rússia (o marxismo-leninismo), que tinha respostas para todas as questões antes mesmo que as questões aparecessem... Essa advertência contra a dogmatização do marxismo acabou sendo posta de lado e esquecida pelos comunistas brasileiros, que estavam interessados, mesmo, no reconhecimento "oficial" por parte da Internacional.

O reconhecimento do partido custou um pouco a vir. Em 1924, Astrojildo Pereira e Rodolfo Coutinho, sobrinho de Cristiano Cordeiro, foram à União Soviética e conseguiram obter para o PC do Brasil uma filiação provisória. O partido tornou-se – como se dizia na época – a "seção brasileira da Internacional Comunista".

Marxismo e realidade brasileira

Os comunistas brasileiros passaram a manifestar uma admiração e um entusiasmo crescentes pela União Soviética. Sentindo-se constrangidos em face de seu próprio passado anarquista e da ignorância em que se encontravam diante das questões teóricas que eram discutidas pelos comunistas estrangeiros, mais experientes, os membros do PC do Brasil se dispuseram a acolher, muitas vezes sem qualquer espírito crítico, as ideias importadas.

Essa adesão incondicional ao marxismo-leninismo podia fortalecer os comunistas brasileiros nas controvérsias com os anarquistas, porém não facilitava a ampliação da ação de seu partido no movimento sindical. Numerosos trabalhadores se inclinaram por reivindicações pragmáticas, ou pela luta por reformas, sem compromissos doutrinários. Em 1924, há dados que sugerem que, no Rio de Janeiro, os comunistas controlavam 10% dos sindicatos, os anarcossindicalistas controlavam menos de 5% e os restantes, mais de 85%, estavam nas mãos de sindicalistas autônomos, "trabalhistas" ou "amarelos" (como eram pejorativamente chamados).

Octávio Brandão
Alagoano, de Maceió. Em 1914, colaborou no movimento operário através do periódico *A Semana Social*. Em 1919, no Rio de Janeiro, tomou contato com as traduções francesas de Marx, Lenin e Engels. Em 1920, ligou-se ao "Grupo Clarté do Brasil" e filiou-se ao PCB em 1922. Tornou-se dirigente nacional e responsável pela fundação do jornal *A Classe Operária*, em 1925. Deportado e preso inúmeras vezes, viveu longo período de clandestinidade.

O marxismo-leninismo sentiu-se desafiado a interpretar a realidade brasileira. Seus representantes, membros do PC do Brasil, deveriam demonstrar na prática que sua doutrina podia ser aplicada com sucesso ao estudo (e à transformação revolucionária) da nossa sociedade. Astrojildo Pereira, o secretário-geral da agremiação, era um intelectual modesto, tinha consciência de suas limitações e não se sentiu em condições de enfrentar o desafio.

O teórico mais ambicioso com que o partido contava, nos anos de 1920, era o farmacêutico alagoano Octávio Brandão (1896-1980), um anarquista que havia aderido ao PC do Brasil em outubro de 1922. Em 1924, Octávio Brandão lançou o livro *Rússia proletária*, no qual enfatizava a grandeza de Lenin, a ponto de escrever que, comparada à influência das ideias do fundador da União Soviética, empalidecia a importância da contribuição de pensadores como Kant, Pascal, Santo Tomás de Aquino e Aristóteles. No mesmo ano, o infatigável farmacêutico escreveu *Agrarismo e industrialismo*, que foi a primeira interpretação da realidade brasileira feita em nome do marxismo-leninismo.

Em sua análise, Octávio Brandão dizia que o Brasil era um "país estapafúrdio, onde os extremos se chocam diariamente, onde as coisas mais incríveis são realizáveis". Os esquemas interpretativos que Marx havia criado para explicar os fenômenos das lutas de classes nas sociedades europeias não conseguiram dar conta de tudo o que se passava aqui, porém Brandão insistia em aplicá-los. Apoiado na teoria do imperialismo, elaborada por Lenin, o autor brasileiro via o Brasil sendo disputado por agentes de dois polos imperialistas: os "agentes do imperialismo norte-americano" (entre os quais o Barão do Rio Branco, Wenceslau Braz e Epitácio Pessoa) e os "agentes do imperialismo inglês" (entre os quais Rui Barbosa). Brandão estava convencido de que o conflito entre os dois imperialismos estava para desencadear "uma guerra formidável na América do Sul e no mundo inteiro".

Não se pode dizer que Brandão fosse um bom profeta: a guerra mundial que veio 15 anos mais tarde não teve como cenário principal a América do Sul, nem foi travada entre os Estados Unidos e a Inglaterra, que foram aliados no combate à Alemanha, à Itália e ao Japão.

O fracasso das previsões, entretanto, só viria a ser notado mais tarde. Na época, Brandão exerceu uma enorme influência sobre seus companheiros de partido, em parte por força do tom convicto com que fazia suas afirmações, apoiando-as na doutrina do marxismo-leninismo.

Influência bem menor teve a interpretação da realidade brasileira feita na mesma ocasião pelo jornalista Antônio dos Santos Figueiredo, que já mencionamos. Antônio (ou "Antoninho", como o chamavam os amigos) Figueiredo leu Marx por sua própria conta, mas não se tornou "marxista-leninista". Em 1926, publicou seu livro *A evolução do Estado no Brasil*. O deputado progressista Maurício de Lacerda saudou a obra como uma contribuição significativa para a "solução libertária de um comunismo moderado" para os problemas da sociedade brasileira. Antoninho Figueiredo era ligado à família Mesquita, dona do jornal *O Estado de S.Paulo;* e era muito pessimista. Dizia: "Ser pessimista, numa fase como esta, é um dever de todo homem consciencioso e limpo".

Cortiço da Rua do Senado, Rio de Janeiro, 1906.

Em sua análise da sociedade brasileira, o jornalista comparava a situação do movimento operário no Brasil e na Argentina, afirmando que "a situação do proletariado na nossa terra é deplorabilíssima". E concluía que, com o fim da monarquia e a proclamação da República, feita por oportunistas e "nulidades", o quadro se tornara pior e a saída se tornara mais remota. "Se a República fosse proclamada noutras condições, com a mesma honestidade com que agiam os estadistas do Segundo Império, talvez evolucionássemos para o socialismo científico. Com a República, o Brasil politicamente retrogradou para mais de um século".

Curiosa conclusão para um socialista, leitor de Marx: no Império era melhor...

O PC do Brasil e Luiz Carlos Prestes

Apesar de suas limitações programáticas, apesar das deficiências de seus militantes e da imensa dificuldade dos desafios que era obrigado a enfrentar, o Partido Comunista do Brasil conseguiu crescer e chegou a 1930 com cerca de 800 filiados. Para atuar num país tão vasto e complicado como o Brasil, certamente esse número era muito pequeno. Mas o ânimo dos combatentes era entusiástico.

A presença do PC exercia certa influência nos meios intelectuais. Ela repercutia mesmo entre homens que não se filiavam à agremiação, como o jurista Edgardo Castro Rebelo (1884-1970) e o professor de economia política Leônidas de Rezende (1889-1950).

O crescimento, mesmo numa escala modesta, trazia questões políticas complexas e delicadas. Que relações o partido da classe operária deveria manter com a chamada pequena burguesia (e com as camadas médias da população, em geral)? Que relações o PC do Brasil deveria manter com os intelectuais progressistas independentes? E que relações deveria manter com movimentos promovidos por jovens militares (os *tenentes*), nos quais alguns achavam que se refletiam as inquietações das camadas médias?

Por um lado, o secretário-geral do PC, Astrojildo Pereira, procurava convencer seus companheiros de que o partido devia sair do isolamento em que se encontrava e fazer alianças com outras forças sociais. Na campanha eleitoral de 1927, foram feitos alguns acordos; e

Fac-símile de propaganda eleitoral do Partido Comunista em 1928.

BLOCO OPERÁRIO E CAMPONÊS (BOC)
Em fevereiro de 1927, o PCB, forçado à ilegalidade, estimula uma política de frente eleitoral, resultando na criação do BO, posteriormente rebatizado de BOC, que elege 2 vereadores no Rio de Janeiro (na época, Distrito Federal).

> **REVOLUÇÃO DE 1930**
>
> Movimento político-militar que determinou o fim da Primeira República (1889-1930). Originou-se da união entre os políticos e os tenentes que foram derrotados nas eleições de 1930 e decidiram pôr fim, através das armas, ao sistema oligárquico reinante. Após 2 meses de articulações políticas nas principais capitais do país e de preparativos militares, o movimento eclodiu simultaneamente no Rio Grande do Sul e em Minas Gerais, na tarde do dia 3 de outubro. Em menos de um mês, o movimento já era vitorioso em quase todo o país, restando apenas São Paulo, Rio de Janeiro, Bahia e Pará ainda sob o controle do governo federal. O então presidente da República, Washington Luís, foi deposto, assumindo o poder Getúlio Vargas.

na campanha de 1928, o partido se aliou a alguns grupos e correntes para formar o Bloco Operário e Camponês (o BOC), que chegou a eleger vereador ("intendente") no Rio de Janeiro seu candidato, Octávio Brandão. Astrojildo, animado com a experiência, queria ampliá-la. Se havia sido proveitosa a aliança com correntes vinculadas ao movimento operário, por que não articular alguns entendimentos, ainda que restritos, com a "pequena burguesia revolucionária", cujo representante máximo parecia ser Luiz Carlos Prestes?

Por outro lado, no entanto, havia uma acentuada preocupação com a "nitidez classista". Alguns membros da direção do PC do Brasil receavam que as alianças preconizadas por Astrojildo acarretassem um "amolecimento" na linha revolucionária do "partido de vanguarda da classe operária". Cada um a seu modo, João da Costa Pimenta, Joaquim Barbosa e Rodolfo Coutinho (que havia regressado de Moscou, onde conversara com Trotski) discordaram da linha que vinha sendo adotada pela direção do partido. Por isso, a decisão de que Astrojildo fosse procurar Prestes na Bolívia para conversar com ele não foi unânime na direção do partido. Mas Astrojildo estava convencido do que se dispunha a fazer e empreendeu a viagem para o encontro.

O gaúcho Luiz Carlos Prestes (1898-1990), capitão do Exército, havia se rebelado em outubro de 1924; pondo-se à frente de um grupo que percorreu cerca de 25 mil quilômetros, atravessou 13 Estados brasileiros, perseguido por tropas governamentais de efetivo muito superior, travando incontáveis batalhas, até se exilar na Bolívia, em fevereiro de 1927. Esse grupo ficou conhecido como "Coluna Prestes". E Prestes, como "o Cavaleiro da Esperança".

O programa da Coluna não era socialista. O que seus integrantes exigiam era o fim dos "impostos exorbitantes" e da "desonestidade administrativa"; eles denunciavam a "falta de justiça" e a mistificação eleitoral constituída pelo "voto a descoberto", que permitia o controle da votação pelos poderosos. Denunciavam também o "amordaçamento da imprensa" e exigiam o fim das "perseguições políticas" e do "desrespeito à autonomia dos Estados". Além disso, reivindicavam uma legislação social à altura das necessidades do país e uma reforma da Constituição.

Durante sua "longa marcha" através do país, Prestes conheceu mais de perto a miséria da população e se dispôs a refletir sobre a necessidade de um movimento que não fosse

"COLUNA MIGUEL COSTA – PRESTES"

Luiz Carlos Prestes, gaúcho de Porto Alegre (RS), participou da primeira revolta dos tenentes, que contribuiu para a Revolução de 1930. Após seu desligamento do Exército, liderou o movimento em Santo Ângelo (RS), com 300 soldados, seus antigos comandados, em dezembro de 1924. Surge daí a "Coluna Gaúcha", que tinha dois objetivos: enfraquecer política e militarmente Artur Bernardes, visando derrubá-lo; denunciar as injustiças e buscar a integração do país. Em 11 de abril de 1925, unem-se as colunas tenentistas "Gaúcha", comandada por Luiz Carlos Prestes, e a "Paulista", sob a liderança de Miguel Costa. No dia 28 do mesmo mês, a "Coluna Miguel Costa – Prestes" iniciou seu périplo – 25 mil quilômetros percorridos em dois anos de combates.

O final da marcha foi em San Martin, na Bolívia. Prestes exilou-se em La Guaíba. Em dezembro de 1927, o Partido Comunista do Brasil (PCB), enviou seu secretário-geral, Astrojildo Pereira, ao encontro do comandante. Na bagagem, Astrojildo levou livros, com Marx, Engels e Lenin entre os autores. Desse contato, surge o interesse de Prestes pelas ideias socialistas.

Prestes foi para a Argentina. E lá estudou o marxismo. Ingressou no PC argentino e tornou-se amigo de um dos seus líderes, Rodolfo Ghioldi. Entrou clandestinamente no Brasil várias vezes para conversar com Getúlio Vargas.

Mudou-se para Montevidéu. A Internacional Comunista, através do PCB, convidou-o a ir para Moscou. Lá ficou até dezembro de 1934.

Em Moscou, aprimorou seus estudos do marxismo e casou-se com Olga Benário, comunista alemã que trabalhava na União Soviética.

Voltou, com Olga, clandestinamente ao país em 1935, e vai para o Rio de Janeiro com o objetivo de lutar pela "revolução proletária". O casal é preso. Olga é entregue ao governo nazista alemão, que a assassina. Prestes fica preso por nove anos.

Parlamentar em várias oportunidades, teve seu mandato cassado em maio de 1947 juntamente com a cassação do registro do PC. Ficou na clandestinidade até 1958.

Em 1964, com o golpe militar, Prestes volta à clandestinidade, exila-se na União Soviética, de onde retorna em 1979. Aproxima-se do PDT, sendo aclamado como seu "Presidente de Honra".

Coluna gaúcha: revolucionários com armamento abandonado pelas forças federais em Medeiros (PR), 1924/25.

Oficiais do 3º Destacamento da "Coluna Miguel Costa – Prestes" fotografados na Bahia, em 1926. O nº 1 é Antônio de Siqueira Campos e o nº 2 é Trifino Correia. Publicada em *O Malho* (RJ), 4/6/1927.

Comando da "Coluna Miguel Costa – Prestes": 1. Miguel Costa; 2. Luiz Carlos Prestes; 3. Juarez Távora; 4. João Alberto; 5. Siqueira Campos; 6. Djalma Dutra; 7. Cordeiro de Farias; 8. J. Pinheiro Machado; 9. Atanagildo França; 10. Emídio Miranda; 11. João Pedro; 12. Paulo Krüger; 13. Ari Salgado Freire; 14. Nélson Machado; 15. Manuel Nascimento; 16. Sadi Vale Machado; 17. Trifino Correia; 18. Italo Landucci. Porto Nacional (GO), outubro de 1925.

Aristides Lobo (1905-1968)
Jornalista, escritor, tradutor, membro da juventude comunista do Rio de Janeiro. Expulso do PC em 1931 por suas posições trotskitas, foi um dos fundadores da Liga Comunista Internacionalista, seu secretário-geral e um dos seus mais ativos militantes.

mais somente uma revolta antioligárquica e que pudesse encaminhar uma transformação mais profunda na própria estrutura da sociedade.

Astrojildo foi vê-lo em Puerto Suarez, no final de 1927, levando-lhe alguns livros marxistas. Em 1928, Prestes se instalou em Buenos Aires, onde manteve contato com Rodolfo Ghioldi, da direção do PC da Argentina, e recebeu emissários do PC do Brasil. Àquela altura dos acontecimentos, já começara a adotar as concepções do marxismo, porém preferiu fundar uma Liga de Ação Revolucionária (LAR), em vez de se filiar ao Partido Comunista. Para fundar a LAR, Prestes contou com a ajuda de Aristides Lobo e com o dinheiro que lhe foi dado por Oswaldo Aranha, futuro ministro do governo brasileiro, que estava interessado em atrair o líder da Coluna para o movimento da Aliança Liberal, que em outubro de 1930 haveria de levar Getúlio Vargas ao poder.

O PC do Brasil ficou muito irritado com Prestes e chamou a LAR de "partido confusionista".

Prestes não participou do movimento da Aliança Liberal e acabou desistindo de levar adiante sua Liga de Ação Revolucionária: retraiu-se, recuou e tratou de se entrosar com o movimento comunista. Em outubro de 1931, a convite do secretariado da Internacional Comunista, Prestes viajou para Moscou. Passou a denunciar o "prestismo" como uma ideologia pequeno-burguesa. Dedicou-se a assimilar a doutrina do marxismo-leninismo e a preparar seu ingresso no PC do Brasil.

Com o ingresso, os comunistas brasileiros passaram a contar com um "herói nacional" em suas fileiras.

Estalinismo e trotskismo

Na primeira metade dos anos de 1930, cresceu o número de trabalhadores assalariados e eles se viram divididos. Muitos se mostraram sensíveis às medidas que foram tomadas pelo governo de Getúlio Vargas, que regulamentou a jornada de trabalho de oito horas, determinou que os empregados tivessem suas carteiras assinadas pelos patrões e instituiu leis trabalhistas. Alguns simpatizantes do socialismo (como o pernambucano Joaquim Pimenta) aderiram à política de Vargas. Outros, porém, mais combativos, se insurgiram contra o que lhes parecia demagogia e paternalismo.

Exatamente os setores mais combativos, no entanto, eram os que se achavam mais divididos internamente. E entre eles estavam os comunistas, que haviam conquistado a hegemonia do movimento operário no Brasil e sofreram as consequências de uma grave crise que se desencadeara na matriz externa da doutrina em que se apoiavam.

A maioria dos dirigentes do Partido Comunista da União Soviética, posta sob a liderança de Stalin, foi criticada por antigos dirigentes importantes, que haviam participado da Revolução Russa de 1917 ao lado de Lenin e não concordavam com a orientação política que vinha sendo adotada. Entre esses dirigentes se destacavam Zinoviev, Kamenev, Bukharin e – sobretudo – Trotski.

Stalin usava a doutrina codificada do marxismo-leninismo, exposta em manuais, para promover uma concentração de poderes, tanto no plano político quanto no teórico. A discussão no interior dos partidos comunistas era sufocada. A reflexão se empobrecia, o pensamento não se renovava: o que contava era só o cumprimento das tarefas determinadas pela direção, em nome da disciplina partidária.

Esse modo de agir passou a ser designado *estalinismo*. Os estalinistas se apresentavam como os legítimos herdeiros de Lenin: falavam muito em revolução, declaravam-se os únicos intérpretes autorizados da "verdadeira revolução", mas ao mesmo tempo se permitiam uma surpreendente flexibilidade no plano tático; davam guinadas súbitas e faziam alianças surpreendentes (quando decretavam que a revolução estava longe, eles se permitiam agir de maneira bastante oportunista).

Essas características causavam muita irritação em outras correntes do pensamento socialista. Mesmo entre os leninistas, houve reações diversas contra o estalinismo. Em torno de Trotski organizaram-se numerosos comunistas rebeldes

Estandarte apreendido pela polícia no Rio de Janeiro, 1934.

que consideraram o estalinismo um "desvio de direita" (em relação ao leninismo). Eles criaram a Oposição Internacional de Esquerda no Movimento Comunista, organização que foi brutalmente reprimida pelos estalinistas.

Os chamados *trotskistas* se viram numa situação angustiante. Por um lado, denunciavam a truculência de Stalin e seus seguidores; por outro, disputavam com os estalinistas a condição de legítimos herdeiros do leninismo e com isso se moviam num terreno minado, pois eram obrigados a assumir no plano teórico uma certa truculência que estava implícita nas concepções e métodos do próprio Lenin.

Octávio Brandão (2º em pé, da esquerda para a direita) com membros da Internacional Comunista, Moscou, 1931.

Na lógica pragmática do leninismo, os estalinistas haviam se mostrado mais eficientes, venceram a luta interna e controlavam os partidos, as organizações. Os trotskistas ficavam em situação de nítida desvantagem.

No Brasil, também, a direção do Partido Comunista ficou com os estalinistas. Os descontentes – logo sumariamente rotulados como "trotskistas" – se articularam em torno de Mário Pedrosa (1900-1981), que havia sido enviado à União Soviética, mas em Berlim entrara em contato com comunistas dissidentes e voltara ao Brasil para defender as novas ideias que adotara. Numa linha política próxima à de Mário Pedrosa (que mais tarde tornou-se um crítico de arte famoso) estavam pessoas como Rodolfo Coutinho, Lívio Xavier, Rachel de Queiroz, Barreto Leite Filho, Hilcar Leite, Edmundo Moniz, Fúlvio Abramo, Raul Karacik, Lidia Besouchet e Aristides Lobo, que havia ajudado Prestes a organizar a Liga de Ação Revolucionária.

Mário Pedrosa (1900-1981)
Pernambucano de Timbaúba, escritor, crítico de arte, filiou-se ao PCB em 1927. Influenciado pelos trotskistas, rompe com o PCB e trabalha em jornais, divulgando as ideias de Marx, Lenin e Trotski; participou da fundação da Liga Comunista Internacionalista. Foi também um dos fundadores do Partido Operário Leninista (POL), cisão da Liga. Em 1979, assinou a ficha número 1 de filiação ao Partido dos Trabalhadores.

4 – DO GOLPE DE 1937 AO GOLPE DE 1964

A Intentona e o Estado Novo

Em abril de 1935, Luiz Carlos Prestes, já escolado no marxismo-leninismo, regressou ao Brasil, clandestinamente, com uma identidade falsa e casado com a comunista alemã Olga Benário.

O país que Prestes encontrou, ao voltar, era um tanto diferente daquele que ele havia atravessado à frente dos seus comandados nos anos de 1920. A miséria não havia sido superada (e até hoje não foi). Mas estavam sendo tomadas medidas que favoreciam a industrialização. E um Ministério do Trabalho, recém-criado, tratava de fazer concessões a áreas importantes do movimento operário, para articular os trabalhadores em torno da política governamental.

O PC do Brasil também havia sofrido algumas alterações: atravessou um período no qual predominava em sua direção um espírito "obreirista" (os intelectuais e as preocupações teóricas eram desprezados, só os operários eram bons para dirigir o partido). Astrojildo Pereira havia sido destituído da secretaria-geral e acabara se afastando da agremiação.

E mais: na primeira metade dos anos de 1930, os militares, que haviam ficado decepcionados com os resultados "diluídos"

Olga Benário (Maria Bergner – 1908-1942)
Alemã, membro do PC. Trabalhando na Internacional Comunista, na URSS, conheceu Luiz Carlos Prestes, casando-se com ele. Vêm para o Brasil em 1935, permanecendo na clandestinidade até março de 1936, quando foram presos. Olga foi entregue à Gestapo, polícia política alemã, que a assassinou.

Piquete de ferroviários grevistas da S. Paulo Railway. São Paulo, fevereiro de 1932.

da chamada Revolução de 1930 e com o governo de Getúlio Vargas, levaram o sentimento de revolta ao ponto de, em muitos casos, se aproximarem dos comunistas. O PC do Brasil recebeu várias adesões de militares e sofreu a influência deles. A ideia de uma "autêntica" revolução, capaz de fazer o que o movimento de 1930 não fizera, começou a empolgar muitas cabeças.

Comício da Aliança Nacional Libertadora (ANL), Cinelândia, Rio de Janeiro, 1935.

Prestes e o PC do Brasil resolveram usar a Aliança Nacional Libertadora (ANL), uma organização fundada havia pouco, e decidiram fazer dela "um verdadeiro instrumento da tomada do poder". A ANL, num primeiro momento, chegou a crescer e arregimentou adesões e simpatias nas mais diversas áreas. Ela chegou a atrair pessoas que mais tarde viriam a assumir atitudes radicalmente anticomunistas, como o escritor Gustavo Corção e os militares Ernesto Geisel e Golbery do Couto e Silva. Aos poucos, entretanto, a ANL perdeu o poder de ampliar seu espaço e, no começo de julho de 1935, foi sumariamente fechada pelo governo.

Os comunistas não se conformaram com a perda de seu "instrumento da tomada do poder". Embora contassem com uma base de apoio bastante limitada na sociedade, os militantes do PC, impacientes, adotaram uma linha política agressiva, da qual resultou a tentativa de golpe de novembro de 1935, que veio a ser chamada de Intentona Comunista.

Fac-símile do jornal aliancista *A Manhã (RJ)*, 27/11/1935.

Levante de novembro de 1935: tropas legalistas atacam o 3º RI na Urca, Rio de Janeiro.

O golpe falhou e foi habilmente aproveitado pelo governo para desencadear uma onda de repressão que pôs na cadeia, não só os militares sublevados, mas também intelectuais e políticos da oposição, como o senador Abel Chermont e os deputados Otávio da Silveira, Domingos Velasco, Abguar Bastos e João Mangabeira.

Para saber como ficaram as cadeias, com todos os oposicionistas que o governo mandou encarcerar, pode-se ler o fascinante livro *Memórias do cárcere,* do grande escritor Graciliano Ramos. Nas prisões estavam pessoas como o historiador Caio Prado Júnior, a escritora Eneida Costa de Morais (autora de uma *História do carnaval*), o humorista Aparício Torelly (o Barão de Itararé), o educador Paschoal Lemme e o jurista Hermes Lima (que posteriormente veio a ser ministro do Supremo Tribunal Federal).

Por que o governo mandou prender tanta gente? Por que golpeou tão amplamente a oposição? A resposta a essa pergunta não parece ser difícil: as forças articuladas em torno de Getúlio Vargas estavam preparando um golpe político-militar, com o objetivo de instaurar no país uma ditadura.

Caio Prado Jr. (1907-1990)
O mais importante historiador marxista brasileiro, o paulista Caio Prado filiou-se, em 1931, ao PCB. Intelectual militante, dedicou sua vida a entender a história brasileira. Entre suas obras, destaca-se *História Econômica do Brasil*. Poucos livros contribuíram de maneira tão decisiva para a compreensão, em profundidade, das grandes questões nacionais quanto esse. Produto de um esforço precursor de interpretação da história brasileira sob um ponto de vista marxista, ele inaugurou uma nova etapa da vida intelectual do país.

Graciliano Ramos (1892-1953)
Escritor, foi preso político da ditadura Vargas. Os dois anos de cadeia renderam material para *Memórias do cárcere*, em que denuncia as condições a que foram submetidos os opositores do "Estado Novo".

ESTADO NOVO

Rodolfo Ghioldi, Agliberto Azevedo e Agildo Barata no Tribunal de Segurança Nacional, Rio de Janeiro, setembro de 1937.

Em 10 de novembro de 1937, o Diário Oficial publica a nova Constituição, de moldes fascistas, apelidada de "polaca"; a Câmara e o Senado são fechados; as eleições são suspensas; quase todos os Estados sofrem intervenção federal; comunistas são presos em vários Estados; em discurso radiofônico, Vargas comunica a implantação do "Estado Novo".

Nos dois anos que se seguiram à Intentona, o governo acenou o tempo todo com o fantasma de um novo golpe comunista, até que, em novembro de 1937, Getúlio Vargas dissolveu o Congresso e instaurou um regime francamente ditatorial, intitulado Estado Novo.

Prestes e Olga Benário foram presos e ela foi deportada para a Alemanha nazista, embora estivesse esperando uma filha do marido brasileiro. Hitler e Mussolini viviam o auge de seu poder, na Europa, e o estilo deles era em parte imitado por aqui. Os anos do Estado Novo no Brasil foram anos de repressão violenta e sistemática contra todas as correntes socialistas.

Mas Getúlio e seus auxiliares sabiam que não bastava reprimir: era preciso, também, fazer concessões à massa trabalhadora, oferecer-lhe alguma coisa para desviá-la da tentação dos caminhos considerados "subversivos". Com habilidade, Vargas fortaleceu o Estado não só em sua relação com os trabalhadores sindicalizados, mas também

Apparício Torelly (1895-1971)
Gaúcho, fundou, em 1934, o *Jornal do Povo*, com uma vida efêmera de 10 dias, durante os quais publicou a história de João Cândido, líder da Revolta da Chibata (1910).

O BRASIL SE MOBILIZA CONTRA O "NAZI-FASCISMO"

Manifestação da União Nacional dos Estudantes contra o "nazifascismo", Rio de Janeiro, 28/1/1943.

Na II Conferência Nacional do PCB (Conferência da Mantiqueira), realizada entre 27 e 30 de agosto de 1943, são aprovadas: a união nacional em torno de Vargas, contra o "nazifascismo"; a luta pelas liberdades democráticas, pela anistia, contra a carestia e pela legalidade do PCB. Essas reivindicações originaram-se da Comissão Nacional de Organização Provisória (CNOP), articulada no Rio de Janeiro, com a qual Prestes se afina, que entendia como essencial a mobilização contra o fascismo, não sendo, portanto, prioritária a luta explícita contra o regime de Vargas.

em sua relação com os empresários. Fazendo concessões aos primeiros, ele nem por isso contrariava os interesses fundamentais dos segundos.

A redemocratização em 1945

O Estado Novo durou cerca de sete anos e meio. Os regimes de Hitler, na Alemanha, e de Mussolini, na Itália, ficaram desmoralizados, quando foram derrotados militarmente pelas tropas dos aliados (União Soviética, Estados Unidos, Inglaterra e França). A desmoralização do "nazifascismo" lá fora repercutiu aqui, enfraquecendo o Estado Novo. Getúlio ainda tentou reformar o regime, adaptando-o aos novos tempos, mas seu esforço foi inútil: ele acabou deposto por um golpe militar, em outubro de 1945.

Quando o Estado Novo estava desabando, Luiz Carlos Prestes foi libertado. Antes de sair da cadeia, com receio de que os adversários conservadores e liberais do "populista" Vargas aproveitassem a crise para dar um golpe e colocar outro ditador no poder, reco-

O PCB E OS INTELECTUAIS

Desde os anos de 1930, superadas as dificuldades surgidas a partir da "política obreirista", o PCB exerceu sensível influência entre a intelectualidade brasileira. Vinculam-se ao partido figuras como Oswald de Andrade, Patrícia Galvão (Pagu), Jorge Amado e Aparício Torelly (o Barão de Itararé).

No período de resistência ao Estado Novo, porém, essa influência cresce de modo notável: de uma forma ou de outra, o que havia de mais dinâmico na cultura brasileira conecta-se ao PCB – recorde-se, aleatoriamente, os nomes de Oscar Niemeyer, Vilanova Artigas – e, inclusive, no momento da legalidade, concorrem a postos eletivos sob a legenda do partido: Graciliano Ramos, Caio Prado Jr., Cândido Portinari, Álvaro Moreyra e Mário Schenberg. E todo um grupo de intelectuais manteve relações com a organização dos comunistas, como Monteiro Lobato, Samuel Pessoa e Carlos Scliar.

Da esq. para a dir: Oswald de Andrade, Pagu, Leonor Costa e Oswaldo Costa, 1930.

É particularmente relevante observar que a política cultural implementada pelo PCB era ampla e flexível, contemplando com compreensão e estímulo todas as manifestações artísticas. Nas páginas da sua imprensa, colaboraram homens como Carlos Drummond de Andrade, Manuel Bandeira, Artur Ramos, Orígenes Lessa, Guilherme Figueiredo, Lúcia Miguel Pereira, Francisco de Assis Barbosa, Aníbal Machado, Álvaro Lins, Eneida Costa de Morais, Ivan Pedro de Martins, Marques Rebelo, José Lins do Rego, Otto Maria Carpeaux e Sérgio Milliet, entre outros.

Com a sectarização da linha política do partido, depois de 1948, essa relação com a intelectualidade brasileira se complicou: a política cultural compreensiva foi substituída por concepções estreitas e doutrinárias, que acabaram por conduzir à instrumentalização dos intelectuais – processo que só foi superado a partir de 1958.

Intelectuais recebem Pablo Neruda no aeroporto de Congonhas, São Paulo, 12/7/1945.

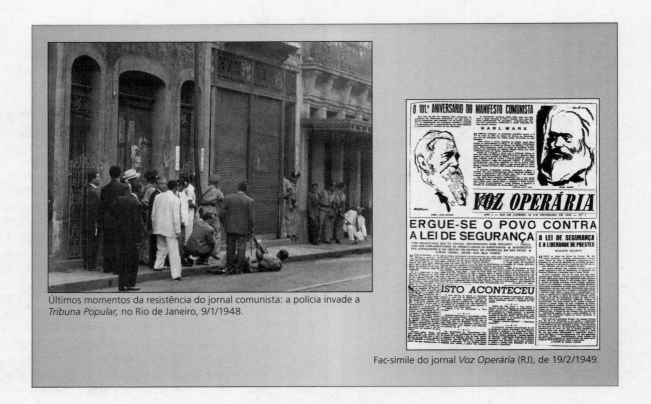

Últimos momentos da resistência do jornal comunista: a polícia invade a *Tribuna Popular,* no Rio de Janeiro, 9/1/1948.

Fac-símile do jornal *Voz Operária* (RJ), de 19/2/1949.

mendou aos seus liderados que apoiassem o homem que havia entregue sua mulher aos carrascos dos campos de concentração nazistas. Fez-se, então, uma aliança entre o PC do Brasil e os "getulistas".

Muitos socialistas se insurgiram contra essa manobra e consideraram "espúria" essa aproximação com os perseguidores da véspera. A União Democrática Socialista, de São Paulo, por exemplo, insistia em que se limpasse o país dos "restos do Estado Novo", para poder constituir uma "base para a efetiva democratização do Brasil" (proposta que era defendida por Arnaldo Pedroso d'Horta, Azis Simão, Antônio Cândido e Paulo Emílio Sales Gomes).

No Rio de Janeiro, a posição do PC do Brasil – já legalizado – foi criticada pela recém-fundada Esquerda Democrática, que em 1947 se tornou o núcleo a partir do qual foi criado o Partido Socialista Brasileiro. O lema do Partido Socialista era "Socialismo e Liberdade". Seu principal dirigente, João Mangabeira (1880-1964), havia sido deputado federal pela Bahia em diversas legislaturas (foi eleito pela primeira vez em 1909!) e, por sua integridade e coerência, inspirava enorme respeito, mesmo aos adversários. João Mangabeira admirava Rui Barbosa e o socialismo reformista do francês Jean Jaurès (da Segunda Internacional), e se inspirava em princípios cristãos.

Em sua recusa a qualquer aproximação com Getúlio Vargas, o Partido Socialista foi levado ao extremo de se aproximar da União Democrática Nacional (UDN), um partido liberal-conservador criado em 1945 em oposição ao getulismo. Essa aproximação enfraqueceu o prestígio da agremiação nas áreas populares, que frequentemente se mostravam desconfiadas em face da UDN, considerando-a "elitista".

Apesar desse desgaste, o Partido Socialista desempenhou um papel importante, mantendo viva uma saudável preocupação com a questão da institucionalização democrática. Os socialistas indagavam: que instituições pretendemos criar para assegurar uma verdadeira participação democrática no Estado que pretendemos forjar, evitando a burocratização e a concentração de poderes ditatoriais, em nome da revolução?

Um dos teóricos do Partido Socialista, Hermes Lima (1902-1978), advertia: "O socialismo não está indissoluvelmente ligado à ditadura de classe, ao partido único"; ele não está obrigado a se aplicar "dentro dos quadros marxistas de organização política".

De qualquer maneira, a organização socialista que maior influência exercia sobre a vida política brasileira, naquele momento, ainda era uma organização nitidamente marxista: o Partido Comunista. Contribuíam para isso, decisivamente, a admiração pela União Soviética e pelo papel que ela havia desempenhado no combate ao "nazifascismo", e a admiração geral por Luiz Carlos Prestes, o "Cavaleiro da Esperança", que havia sobrevivido a mais de nove anos de cadeia e mantinha, inabalável, suas convicções.

Nas eleições de dezembro de 1945, o PC do Brasil elegeu Prestes senador, com uma votação expressiva, e seu candidato à Presidência da República, o engenheiro Yedo Fiuza, obteve 10% dos votos do eleitorado. Além disso, a agremiação chegou a ter numerosos deputados federais e estaduais, e sua bancada de vereadores no Rio de Janeiro era a maior da Câmara.

Com cerca de 200 mil filiados, o PC do Brasil alcançou, na época, o auge de seu prestígio. E tinha o apoio de famosos artistas e intelectuais, como os pintores Portinari, Di Cavalcanti, Carlos Scliar e Lazar Segall, ou como os escritores Jorge Amado, Graciliano

Passeata das donas de casa contra a carestia, Rio de Janeiro, 30/11/1954.

Repressão na Praça da Sé, São Paulo, abril de 1953.

300 MIL EM GREVE – SÃO PAULO, 1953
Em São Paulo, começa a greve dos 300 mil trabalhadores, envolvendo diversas categorias (têxteis, metalúrgicos, marceneiros, gráficos, construção civil). Depois de quase um mês, o movimento (que contou com a participação ativa dos comunistas) sai vitorioso.

Ramos, Dionélio Machado, Carlos Drummond de Andrade, Caio Prado Jr., Monteiro Lobato, Oswald de Andrade e Álvaro Moreyra.

Dos anos da guerra fria aos anos do nacional-desenvolvimentismo

Em 1947, a situação mudou. Começou na política internacional a guerra fria, em que se contrapunham dois blocos de países, um liderado pelos Estados Unidos, então sob a presidência de Harry Truman, e outro liderado pela União Soviética, sob o comando de Stalin. Os comunistas brasileiros passaram a ser acusados de atuar como agentes de uma potência estrangeira, num clima de histeria, que procurava preparar a opinião pública para uma nova guerra mundial (outra "guerra quente"), que podia começar a qualquer momento. As acusações eram pérfidas e estavam formuladas com evidente má-fé, mas os comunistas se defenderam mal: insistiram em reassumir publicamente sua fidelidade ao "internacionalismo proletário" (os adversários gritavam: "Fidelidade à União Soviética") e trataram de se preparar para a radicalização do combate.

O PC do Brasil foi posto fora da lei e, em janeiro de 1948, os mandatos de seus representantes no Poder Legislativo foram cassados. Seus dirigentes foram forçados a atuar na clandestinidade, o que assinalava o início de um novo período de repressão.

De certo modo, a perseguição que os comunistas sofriam por parte da polícia atenuava as possíveis consequências negativas da má compreensão que eles tinham da realidade brasileira. Os setores da sociedade que simpatizavam com os ideais socialistas eram levados a se solidarizar com a brava organização perseguida, vítima de uma óbvia injustiça, mesmo quando os argumentos teóricos e políticos dos militantes não eram muito convincentes.

Nas eleições de 1950, que resultaram na volta de Getúlio Vargas ao poder, o PC do Brasil – então na clandestinidade – lançou candidatos numa legenda "alugada" e fez campanha em condições muito difíceis. O candidato a senador no Rio de Janeiro, Valério Konder, foi preso quatro vezes durante a campanha e mesmo assim teve cerca de

50 mil votos. Os comunistas elegeram deputado federal o marceneiro Roberto Morena, que se destacou como parlamentar, defendendo com espírito e flexibilidade uma linha política bastante dura e estreita (que era a do seu partido). Roberto Morena costumava dizer aos seus colegas parlamentares, brincando, que eles estavam sentados em cadeiras que haviam sido fabricadas por ele...

Pouco a pouco, entretanto, o número de militantes do PC do Brasil foi diminuindo. O partido denunciava "a guerra que bate às portas" (manifesto de agosto de 1950), investia contra o belicismo do imperialismo norte-americano, colhia assinaturas em favor da paz mundial, mas não saía de um penoso isolamento.

Os comunistas lutavam em duas frentes, contra dois poderosos inimigos: atacavam os liberais conservadores da UDN e os trabalhistas que apoiavam Getúlio Vargas. Consideravam os dois grupos perigos equivalentes. Por isso, ficaram um tanto surpreendidos com a crise que levou à articulação do movimento udenista para depor o presidente e também com o suicídio de Vargas, em agosto de 1954.

A carta-testamento em que Getúlio criticava a ação política dos Estados Unidos contra o seu governo convenceu o PC do Brasil a se aproximar das "massas trabalhistas". E essa mudança de linha foi condicionada, também, pelas mudanças que estavam acontecendo na União Soviética. Acostumados a "olhar para a estrela do Kremlin nas horas de tempestade" (frase que circulava no partido, na época), os comunistas brasileiros não podiam deixar de ficar impressionados com a notícia da morte de Stalin, em Moscou, em 1953.

Mas o impacto ainda se tornou mais profundo nos anos seguintes, quando Nikita Khruschev, o novo dirigente da União Soviética, denunciou, em 1956, os crimes que o ditador havia cometido no exercício do poder.

O *Diário de Notícias* (RJ) publica o relatório secreto de Khruschev ao XX Congresso do PCUS, 1/7/1956.

A segunda metade dos anos de 1950 trouxe modificações aceleradas para o mundo e para o Brasil. A sociedade brasileira, durante os anos em que Juscelino Kubitschek foi presidente, começou a se tornar uma sociedade predominantemente urbana (e não mais rural). A televisão criava hábitos novos. As expressões da cultura brasileira se misturavam à produção de bens culturais importados, numa proporção inédita. A economia nacional era cada vez mais envolvida por uma multiplicidade incrível de movimentos da economia mundial. Surgiam questões dramáticas: que relações o país deveria manter com um mercado mundial dominado por interesses que não eram os seus? Como poderia se defender contra parceiros mais fortes? Qual seria a gravidade das possíveis distorções geradas por um consumo desenfreado de produtos culturais cosmopolitas, padronizados segundo os critérios da indústria cultural?

Para tentar se renovar e escapar às marcas do estalinismo, o PC do Brasil fez um congresso. Discutiu o imperialismo norte-americano e o latifúndio (os grandes adversários). Decidiu se empenhar na conquista da legalidade, para sair do isolamento. E mudou de nome: passou a se chamar Partido Comunista Brasileiro (PCB).

Mas a resolução da mudança do nome não foi unânime; alguns dirigentes, que ficaram em minoria, se opuseram a ela e, pouco tempo depois, relançaram a sigla e a designação tradicional, sob sua direção. O Brasil passou a ter, então, dois partidos comunistas: o PCB (dirigido por Prestes) e o PC do B (que viria a ser dirigido por João Amazonas).

Essa cisão foi, naturalmente, dolorosa para os comunistas, mas também teve efeitos positivos. Se os partidos denominados *comunistas* eram dois, isso significava que nenhum deles podia mais se apresentar à sociedade como o detentor inquestionável de uma doutrina comunista asseguradamente "verdadeira". Os comunistas, qualquer que fosse sua opção partidária, passavam a ser mais incisivamente desafiados a pensar por conta própria, cada um se empenhando em esclarecer melhor para si mesmo, pessoalmente, suas razões.

Naqueles anos, por outro lado, os comunistas passavam a ter outros interlocutores até na leitura e interpretação do pensamento de Marx. O próprio pensador maior do comunismo deixava de ser monopólio de qualquer organização. Estudiosos independentes, no mundo universitário, passavam a lê-lo e a aproveitá-lo de acordo com critérios pessoais,

João Amazonas (1912-2002) Nasceu em Belém, Pará, militante de bases operárias, ingressou no PC em 1935 e integrou sua direção nacional a partir de 1943. Responsável pelo trabalho sindical e de massas, foi um dos organizadores e um dos principais dirigentes do Movimento Unificador dos Trabalhadores (MUT), em 1945.

Em reunião extraordinária, em conjunto com outras lideranças, em 18 de fevereiro de 1962 foi decidida a reorganização do partido, mantendo seu nome tradicional (Partido Comunista do Brasil) e adotando a sigla PCdoB, em resposta às ações de uma corrente reformista que pretendia liquidar o partido enquanto organização revolucionária. Foi um acontecimento de alcance histórico e internacional: o PC do Brasil foi o primeiro partido fora do poder a romper com a linha política reformista imposta pela direção do PCUS. Entre 1968 e 1972, Amazonas participou ativamente da organização da guerrilha do Araguaia, o principal movimento de contestação armada ao regime militar. O legado de Amazonas é a luta pela democracia, pela soberania nacional e a defesa do proletariado e do socialismo. Ele foi o ideólogo e o construtor do Partido Comunista do Brasil.

que não dependiam de nenhuma sanção, de nenhuma aprovação político-partidária. Em São Paulo, por exemplo, um grupo de intelectuais passou a ler e discutir *O Capital*, a obra mais importante de Marx. Do grupo faziam parte pessoas que mais tarde vieram a desempenhar papéis importantes na vida cultural brasileira, como Fernando Henrique Cardoso, Octavio Ianni e Francisco Weffort.

Além disso, paralelamente à ampliação do espaço para leituras múltiplas e diversificadas de Marx, os comunistas brasileiros foram obrigados a reconhecer o crescimento da influência de tendências socialistas de inspiração cristã.

> **Ângelo Arroyo** (1928-1976 – Paulistano, operário metalúrgico e atuante no movimento sindical, entrou no PCB em 1945) e **Pedro Pomar** (1913-1976 – Paraense de Óbidos, em 1932 participou ativamente das manifestações pela constitucionalização do país, filiando-se ao PCB). Fundadores do PCdoB, após o golpe de 1964 dedicaram-se à implantação da guerrilha do Araguaia. Extinta a guerrilha, militaram na clandestinidade até 16 de dezembro de 1976, quando foram fuzilados pela repressão, numa casa do bairro da Lapa, em São Paulo, onde estavam reunidos com outros dirigentes do PCdoB, no episódio conhecido como "Massacre da Lapa".

Em 1950, havia sido fundada a Juventude Universitária Católica (JUC). Dez anos depois, sob o pontificado do papa João XXIII, alguns ativistas destacados da organização resolveram mergulhar mais fundo na solidariedade aos explorados e oprimidos, e entraram em conflito com os pontos de vista conservadores que prevaleciam na hierarquia da Igreja.

Herbert José de Souza (o Betinho), contando essa experiência, escreveu em 1962 que ele e seus companheiros haviam chegado à conclusão de que "o cristianismo não era uma escola para a formação de efeminados e histéricos pregadores do inferno e do anticomunismo". E se perguntavam, dramaticamente: "Somos os inventores da luta de classes ou ela existe de fato – fruto de uma estrutura que possibilita a uma minoria viver no luxo à custa da miséria constrangedora de uma multidão?" (*Cristianismo hoje*).

Os socialistas provenientes da JUC também liam Marx a seu modo. E aproveitavam ideias encontradas em outras fontes teóricas (como os pensadores católicos progressistas franceses Emmanuel Mounier e Teilhard de Chardin). Essa ampliação do quadro de referências era, certamente, enriquecedora: quem conhece interpretações diversas pode compará-las umas com as outras e utilizá-las, todas, em sua própria interpretação.

O começo dos anos de 1960 e o golpe de 1964

Os primeiros anos da década de 1960, no Brasil, foram muito agitados. Jânio Quadros sucedeu Juscelino Kubitschek na Presidência da República; mas, após seis meses e alguns dias, renunciou. Assumiu o vice, João Goulart; porém, a pressão dos políticos conservadores e dos chefes militares contra ele levou o Congresso a mudar o regime, instituindo o parlamentarismo. O parlamentarismo, instituído em condições de crise, durou pouco: um plebiscito restaurou o presidencialismo.

João Goulart (apelidado de "Jango") era o herdeiro político de Getúlio Vargas. Preconizava "reformas de base" no país. Não tinha suficiente credibilidade aos olhos da

> **Herbert José de Souza** (1935-1997) "Betinho", nasceu em Minas Gerais. A militância nos movimentos estudantis, as campanhas contra a fome e pela reforma agrária, a luta contra os regimes militares latino-americanos e o exílio colocaram-no sempre abrindo caminhos, contra diversas formas de medo e autoritarismo. Tornou-se um dos símbolos na campanha pela anistia. Em 1981 fundou o Instituto Brasileiro de Análises Sociais e Econômicas (Ibase). Desempenhou um papel decisivo na Campanha Nacional pela Reforma Agrária, em 1983; em 1986, fundou a Associação Brasileira Interdisciplinar de Aids (Abia); organizou, em 1990, o movimento "Terra e Democracia". Em 1992, assumiu uma das lideranças do Movimento pela Ética na Política, que culminou com o *impeachment* do então presidente Fernando Collor de Mello. Lutou pela "Ação da Cidadania contra a Miséria e pela Vida", campanha contra a fome que ganhou as ruas em 1993.

esquerda, em geral, mas irritava as forças de centro e de direita. Apoiou o movimento operário em algumas grandes greves e facilitou a organização do Comando Geral dos Trabalhadores (CGT), em 1962.

A inflação subia assustadoramente. A economia parecia confusa, tumultuada. O crescimento industrial alcançado na segunda metade dos anos de 1950 não conseguia prosseguir no mesmo ritmo, e alguns empresários influentes declaravam que ele estava ameaçado de cessar. O Instituto Superior de Estudos Brasileiros (Iseb), que desenvolvera atividades signi-

Ligas Camponesas: passeata de trabalhadores rurais. Recife (PE), 2/10/1960.

Comício pró-reformas de base na Central do Brasil, Rio de Janeiro, 13/3/1964.

ficativas nos anos do governo Kubitschek, passou a investir contra as "estruturas arcaicas", que constituíam graves obstáculos ao desenvolvimento, e contra as "pressões externas" que se exerciam contra a afirmação do nosso "nacionalismo".

As posições do Iseb, na medida em que começaram a se radicalizar, tiveram eco e despertaram simpatia entre dirigentes do PCB. No Iseb, havia professores que já eram socialistas, como Nelson Werneck Sodré, e professores que se tornaram socialistas, como Álvaro Vieira Pinto e Roland Corbisier. O Iseb discutia a formulação de um projeto de desenvolvimento econômico independente que poderia convir tanto ao proletariado quanto ao empresariado brasileiro (a "burguesia nacional"). No começo dos anos de 1960, entretanto, essa posição era criticada por pessoas que advertiam para o risco de que a defesa dos interesses da "nação" acabasse por encobrir e mascarar a gravidade das contradições sociais da realidade nacional.

Em meio às turbulências da época, tinha-se a impressão de que as tendências de esquerda estavam se fortalecendo na área cultural. O Centro Popular de Cultura da União Nacional dos Estudantes (CPC da UNE) encenava peças de teatro que faziam agitação e propaganda em favor da luta pelas reformas de base e satirizavam o "imperialismo" e seus "aliados internos". Além disso, o CPC da UNE produziu um filme que reunia cinco trabalhos de curta-metragem feitos com vigorosa inspiração crítico-social, por jovens cineastas que eram todos socialistas convictos. O título do filme era *Cinco vezes favela*.

Era expressiva, em geral, a presença da esquerda no teatro e no cinema, na poesia e no movimento editorial. Novos artistas – todos socialistas convictos – eram revelados ao público: Nelson Pereira dos Santos, Glauber Rocha, Leon Hirszman, Joaquim Pedro

ESTÉTICA DA FOME: CINEMA BRASILEIRO ENGAJADO

Episódio de "Cinco vezes favela": "Escola de Samba Alegria de Viver", com Oduvaldo Viana Filho, à esquerda.

"Deus e o diabo na terra do sol", de Glauber Rocha.

de Andrade, Cacá Diegues, Arnaldo Jabor, no cinema; Oduvaldo Viana Filho, Armando Costa, Paulo Pontes, João das Neves, Gianfrancesco Guarnieri, no teatro; Ferreira Gullar, Moacir Félix, José Carlos Capinam, na poesia. E até na arquitetura: intensificava-se a celebridade que o arquiteto comunista Oscar Niemeyer havia conquistado com a construção de Brasília, inaugurada em 1960; e Vilanova Artigas articulava explicitamente suas concepções arquitetônicas com ideias marxistas.

Na área da educação, por outro lado, esse foi o período em que o socialista Paulo Freire viu a consagração do seu método de alfabetização de adultos: em vez de se defrontar com frases do tipo "Ivo viu a uva", que eram frequentes em cartilhas tradicionais, o homem do povo, ao se alfabetizar, era levado a encarar sua realidade imediata, por meio de frases que remetiam ao seu mundo, às suas preocupações e aspirações, de modo que, ao lê-las, encontrava-se consigo mesmo, tomava consciência mais concretamente das suas necessidades. E se interessava mais pelo aprendizado; se alfabetizava melhor e mais depressa.

Os conservadores se inquietavam com tudo isso. E eram levados a exagerar os perigos da ação do fermento socialista na cultura.

Mais ainda que o socialismo na cultura, entretanto, o que realmente os assustava era o socialismo na política. Grandes empresários, veteranos políticos do centro e da direita, bem como importantes chefes militares, acompanhavam, apreensivos, as atividades práticas de socialistas, comunistas ou políticos de esquerda, em geral, em torno do governador do Rio Grande do Sul (Leonel Brizola), em torno do governador de Pernambuco (Miguel Arraes) e à sombra do próprio presidente da República.

Paulo Freire (1921-1997)

Nasceu em Recife (PE) de família de classe média que empobreceu na crise de 1929. Perdeu o pai aos 13 anos e experimentou a pobreza. Foi alfabetizado pela professora Eunice Vasconcelos com quem aprendeu a respeitar "a maneira bonita" como se expressam as pessoas simples.

Foi bolsista do ginásio particular Osvaldo Cruz, onde conheceu Elza Maria Costa Oliveira, sua primeira mulher. Sua carreira começou no Serviço Social da Indústria – Sesi e no Serviço de Extensão Cultural da Universidade de Recife, quando aplicou, na cidade de Angicos (RN), um plano-piloto de alfabetização. Em 1958, em congresso sobre a educação de adultos, no Rio de Janeiro, fez a primeira sistematização de seu método de alfabetização, em que a consciência política e o aprendizado da escrita se integravam na mesma moldura. Em 1963, foi conduzido à direção do Plano Nacional de Educação, que visava a aplicação de seu método de alfabetização a 16 milhões de adultos, num período de 4 anos. Seu método recorre a uma conscientização política, utilizando material e textos com temas extraídos da vida cotidiana dos alfabetizandos.

Preso após o golpe militar de 1964, ficou no exílio durante 15 anos. Morou no Chile, onde trabalhou cinco anos em programas de educação de adultos no Instituto Chileno para a Reforma Agrária e onde escreveu sua obra *Pedagogia do Oprimido*. Em 1969, trabalhou como professor na Universidade de Harvard, em colaboração com grupos engajados em novas experiências educacionais. Foi consultor especial do Departamento de Educação do Conselho Mundial das Igrejas em Genebra (Suíça). A convite de universidades estadunidenses e da Unesco, realizou conferências e cursos nos Estados Unidos e na Europa. Durante os anos de 1970, envolveu-se em programas educacionais em diversos países, como Guiné-Bissau, Cabo Verde e Angola.

Com a anistia, voltou ao Brasil em 1979 e começou a lecionar na PUC-SP, a convite de d. Paulo Evaristo Arns, onde deu aulas no Programa de Pós-Graduação em Supervisão e Currículo, e na Unicamp. Na mesma época, tornou-se um dos fundadores do PT. Em 1988, Paulo Freire casa-se com Ana Maria Araújo Freire. Membro do Júri Internacional da Unesco, Paulo Freire foi secretário de Educação na gestão da prefeita Luíza Erundina por dois anos. Conhecido internacionalmente como criador de um método de alfabetização que leva seu nome, com cerca de 1.500 trabalhos publicados em todo o mundo, recebeu 28 títulos de doutor *honoris causa*, sendo o brasileiro com o maior número desses títulos.

Hoje sabe-se que houve também um significativo estímulo externo, por parte dos norte-americanos (que, naturalmente, abominavam os discursos "anti-imperialistas"). De qualquer modo, formou-se uma forte corrente contra Jango.

Alguns o acusavam de estar preparando a implantação no Brasil de uma "república sindical". Não se sabia bem o que era isso, porém se falava que o Estado seria entregue aos dirigentes dos sindicatos operários e o governo desencadearia uma onda de confiscos de propriedades e medidas repressivas contra os proprietários.

Outros chegaram a denunciar que determinados grupos já estariam fazendo um estoque de armamentos, desviados das Forças Armadas. Manifestações de indisciplina e de quebra da hierarquia no Exército e na Marinha causaram indignação em amplos círculos de oficiais e foram habilmente exploradas por aqueles que denunciavam a "conspiração" favorecida por Jango.

Nas áreas centristas e liberais, crescia rapidamente o receio de que Jango, de fato, desrespeitasse a Constituição e desse um "golpe de esquerda".

Foi aí que os conservadores aproveitaram para dar um "golpe de direita". Em 31 de março de 1964, um levante militar forçou a destituição do presidente da República. Deposto, Jango se refugiou no Uruguai.

5 – DA DITADURA MILITAR AOS NOSSOS DIAS

A ditadura militar

O golpe de Estado de 1964 teve o apoio de setores significativos da sociedade. Logo, porém, os novos detentores do poder começaram a perder boa parte da aprovação que haviam recebido para destituir Jango. Foram cassados os mandatos de numerosos parlamentares. O Congresso ficou amputado de alguns dos seus membros mais combativos e passou a ser pressionado para eleger o presidente da República que os chefes militares

Manifestação na Cinelândia contra o golpe militar, Rio de Janeiro, 1/4/1964.

designavam. Assim, foram eleitos, sucessivamente, para a Presidência os generais Castello Branco, Costa e Silva, Emílio Garrastazu Médici, Ernesto Geisel e João Figueiredo. Durante 20 anos (de 1964 a 1984), o nosso povo, privado do direito de eleger diretamente o presidente da República, viveu sob um regime de ditadura militar.

Houve muitas prisões de ativistas sindicais, estudantes e militantes (ou simpatizantes) de partidos de esquerda. Jango e Brizola foram forçados a se exilar. Miguel Arraes foi preso, e depois também teve de partir para o exílio. Mesmo líderes políticos que inicialmente haviam concordado com o golpe – como os ex-presidentes Jânio Quadros e Juscelino Kubitschek – passaram a ter problemas com as novas autoridades e foram atingidos por medidas punitivas. Carlos Lacerda, que havia sido comunista em 1934 e depois se tornara um crítico veemente dos comunistas, contribuiu decisivamente para o golpe de 1964, porém entrou em conflito com os dirigentes do novo regime e teve seus direitos políticos cassados.

A política econômica da ditadura era claramente contrária aos anseios dos trabalhadores, pois se baseava no "arrocho salarial": o salário mínimo passou a ser reajustado abaixo da inflação. Em nome da "segurança nacional", diversos sindicatos foram postos sob intervenção. Fazer greve tornou-se, para os operários, mais difícil do que nunca. A distribuição da renda na sociedade se alterou de maneira que a riqueza ficou mais concentrada na mão de menos gente e a pobreza se espalhou por uma área mais ampla. Os novos detentores do poder diziam que primeiro era preciso fazer o bolo crescer para depois pensar em reparti-lo.

Outras características da política econômica da ditadura tiveram consequências nefastas: as condições de vida e de trabalho no campo pioraram e a população

Exército reprime manifestação contra deposição de Jango, Porto Alegre (RS), abril de 1964.

Gregório Bezerra, preso e torturado no quartel de Casa Forte, Recife (PE), 1964.

passou a emigrar, em ritmos cada vez mais desesperados, para as grandes cidades (o que resultou num aumento vertiginoso da *população urbana favelada*). E os incentivos adotados para promover a modernização do capitalismo, além de abrir caminho para o crescimento do capital especulativo (os *bancos* se fortaleceram enormemente), resultaram num aumento acelerado da *dívida externa* do Brasil (que passou de menos de 3 bilhões, no tempo de Jango, para quase 50 bilhões de dólares, no final do governo Geisel).

Os socialistas, ao longo de todo o tempo em que o regime durou, tiveram uma firme atitude de oposição à ditadura. E esse foi um acerto ético-político do qual os socialistas das mais diversas tendências têm razão para se orgulhar.

No entanto, a história mostrou também que os socialistas – todos eles – manifestaram deficiências e cometeram equívocos graves. Não souberam avaliar toda a extensão e toda a profundidade das mudanças que vinham acontecendo na sociedade brasileira e não extraíram as consequências dessas alterações. A predominância da cidade sobre o campo, por exemplo, se consolidou no país. Com base nos grandes centros urbanos, montou-se uma poderosíssima indústria cultural. E a televisão, que começara a funcionar nos anos de 1950, passou a exercer uma influência sem precedentes no espírito das pessoas.

Para competir com os detentores do poder, era preciso dominar criticamente a nova linguagem que eles utilizavam e submetê-la a uma avaliação realista. Diante da eficácia das imagens televisivas, era necessário que as velhas palavras de ordem socialistas fossem substituídas por propostas que o público reconhecesse imediatamente como exequíveis, razoáveis, sensatas e convincentes. A nova situação exigia métodos que não parecessem antiquados, nem fossem considerados românticos ou irrealistas. O campo de batalha era complicado: pedia muita sobriedade. E essa sobriedade deveria ser alcançada no meio dos "bombardeios" da repressão e numa hora em que as organizações de esquerda, em crise, empreendiam uma dolorosa e difícil revisão das suas concepções, para tentarem se atualizar.

Fidel Castro e Che Guevara em Sierra Maestra, julho de 1957.

A crise das organizações socialistas

Desde antes do golpe de 1964, já vinha crescendo, em certas áreas de esquerda, a insatisfação com as formas de organização e as concepções tradicionalmente adotadas pelos dois partidos comunistas.

Com a Revolução Cubana, difundia-se a convicção de que novos caminhos podiam ser trilhados com êxito pelos revolucionários dispostos a tomar o poder. Fidel Castro conseguira vencer o tirano Batista no final de 1958 e não havia seguido o modelo leninista clássico.

Mulheres guerrilheiras em Sierra Maestra, 1957.

Estudantes provenientes da JUC haviam fundado, em 1962, a Ação Popular (AP), que em 1963 adotara um programa socialista. O advogado Francisco Julião, no Nordeste, passara a defender um movimento socialista fundado sobre as Ligas Camponesas. Socialistas que invocavam ideias de Trotski também procuravam se organizar. E alguns intelectuais criaram a Organização Revolucionária Marxista (ORM), que ficou conhecida pela abreviatura do nome de sua publicação, *Política operária*: Polop.

Com a repressão desencadeada pela ditadura militar, os movimentos das organizações socialistas se aceleraram e a busca de novas formas de atuação se tornou mais nervosa. As decisões eram tomadas num clima tenso, dramático, que não deixava tempo para que as convicções se definissem com serenidade. As rupturas e cisões se multiplicaram.

O Partido Operário Revolucionário (trotskista), cuja sigla era POR(T), sofreu duas cisões sucessivas. A Ação Popular (AP) se dividiu: uma parte dela, majoritária, se converteu ao marxismo-leninismo e se aproximou do PCdoB; a outra se empenhou na formação do Partido Revolucionário dos Trabalhadores (PRT). O PCdoB, por sua vez, sofreu duas cisões, das quais surgiram o Partido Comunista Revolucionário (PCR) e a Ala Vermelha.

Mas a dança das siglas não ficou nisso. Outras rupturas devem ser lembradas. Da Polop saiu um grupo que fundou o Partido Operário Comunista (POC); outro grupo se juntou a militares ligados a Leonel Brizola para criar o Comando de Libertação Nacional (Colina); e um terceiro grupo se uniu a estudantes e operários em São Paulo para fundar a Vanguarda Popular Revolucionária (VPR). Em 1969, a VPR e o Colina se fundiram e criaram a VAR-Palmares.

Para encerrar este quadro sumário das cisões e combinações, não podemos deixar de mencionar as defecções sofridas pelo PCB: do partido dirigido por Prestes saíram os

LIGAS CAMPONESAS

Francisco Julião (1917-1999) Pernambucano, um dos organizadores das Ligas Camponesas, que se espalharam por vários Estados da federação com sua bandeira de luta: "Reforma agrária na lei ou na marra". Após o golpe de 1964, foi preso e exilou-se.

Congresso Nacional Camponês em Belo Horizonte (MG), 17 de novembro de 1963.

1968: ESTUDANTES NA VANGUARDA DA LUTA CONTRA A DITADURA

Repressão durante a missa de 7º dia em memória de Édson Luís, estudante assassinado pela ditadura, Igreja da Candelária, Rio de Janeiro, 4/4/1968.

Estudantes presos por ocasião da realização do XXX Congresso da UNE, Ibiúna (SP), outubro de 1968.

Passeata dos 100 mil, realizada na Avenida Rio Branco, Rio de Janeiro, *O Jornal*, 5/7/1968.

fundadores da Aliança de Libertação Nacional (ALN), liderada por Carlos Marighella; os fundadores do Partido Comunista Brasileiro Revolucionário (PCBR), liderados por Mário Alves, Jacob Gorender e Apolônio de Carvalho; e, um pouco mais tarde, os membros da dissidência universitária do PCB no Rio de Janeiro, que fundaram o Movimento Revolucionário 8 de Outubro (MR-8), nome dado em homenagem ao revolucionário Ernesto Che Guevara, fuzilado na Bolívia no dia 8 de outubro de 1967.

Naquele período, o fascínio exercido sobre os brasileiros pelo exemplo de Che Guevara e Fidel Castro chegou ao seu ponto mais alto. As concepções de Guevara foram apresentadas por um livro do francês Regis Debray intitulado *Revolução na revolução*. Uma ideia que teve grande repercussão aqui foi a de que, se os revolucionários criassem um "foco guerrilheiro", o movimento poderia se espalhar pela sociedade e criar condições para o aparecimento de novas formas de organização política; a *ação militar*, então, precederia a *organização política*. Essa teoria foi chamada de *foquismo*.

Além de Guevara e Fidel Castro, outra influência notável era a de Mao Tsé-tung (1893-1977), líder da Revolução Chinesa. Com o então chamado *maoismo* – que o PCdoB adotou durante muitos anos – vinha a concepção de que a revolução no século 20 seria a revolução da "periferia" contra o "centro", quer dizer, do "campo" contra a "cidade". Ou melhor: do "Terceiro Mundo" contra a "metrópole".

Mário Alves (1923-1970)
Baiano, militante do PCB, foi eleito, em 1957, para o Comitê Central do partido. Em 1968, rompeu com o PCB e fundou o PCBR, defendendo a luta armada contra a ditadura. No dia 16 de janeiro de 1970, foi preso no Rio de Janeiro e torturado até a morte.

Jacob Gorender (1923)
Baiano, militante do PCB. No início de 1970, foi preso e torturado.

Apolônio de Carvalho (1912)
Mato-grossense, filiado ao PCB. No início de 1970, foi preso e torturado no Rio de Janeiro e banido e exilado até 1979.

Carlos Marighella (1911-1969)
Filho mais velho de uma família humilde, nasceu em Salvador, Bahia. Augusto, o pai, era mecânico e simpatizante do anarquismo. A mãe, Maria Rita.

Foi preso pela primeira vez em 1932, por participar de manifestações estudantis, por ordem do interventor do governo na Bahia, Juracy Magalhães. Transfere-se para o Rio de Janeiro, passando a trabalhar na reorganização do Partido Comunista, esfacelado pela repressão. Foi membro da Comissão Especial do Comitê Central e responsável pelo setor gráfico do partido. Novamente preso, em 1/5/1936, barbaramente torturado, nada revelou à polícia política. Solto, vai para a clandestinidade, sendo incumbido da reestruturação do partido em São Paulo. Novamente preso, é condenado e enviado às prisões de Fernando de Noronha e da Ilha Grande por seis anos. Foi nesse período que Marighella organizou um curso de formação política para os presos.

Marighella discursa no Congresso de Solidariedade a Cuba, RJ, março de 1963.

Em dezembro de 1945, foi eleito deputado federal constituinte pela Bahia, fazendo da situação social dos operários e dos camponeses, assim como a luta contra os baixos salários, os alvos preferidos de sua atividade parlamentar.

Em maio de 1947, o registro do PCB é cassado e o partido volta à clandestinidade e, em janeiro de 1948, ocorre a cassação do mandato dos parlamentares eleitos pela legenda do PCB. Para Marighella, inicia-se novo período de clandestinidade, que duraria mais de uma década.

A partir de 1966, articulam-se várias organizações clandestinas de combate à ditadura militar, formadas por dissidentes e ex-militantes do PCB. Entre elas, a Ação Libertadora Nacional (ALN), fundada por Marighella. Foi assassinado, em São Paulo, pelo delegado e torturador Sérgio Paranhos Fleury.

O fim do regime ditatorial

Com o Ato Institucional nº 5, que a ditadura baixou em dezembro de 1968, a repressão se exacerbou. A onda de prisões se avolumou. A tortura se tornou procedimento habitual. Numerosos presos foram assassinados.

Diversos professores foram compulsoriamente afastados das universidades onde lecionavam. A censura se abateu não apenas sobre publicações suspeitas de terem colaboradores de esquerda (como *O Pasquim* e *Opinião*), mas também sobre grandes jornais insuspeitos, como *O Estado de S.Paulo* e *Jornal do Brasil*. A *Revista Civilização Brasileira* foi vítima de atos de violência que não lhe permitiram continuar sendo publicada.

Mao Tse-tung com camponeses em Chekiang, China.

Todas as organizações de contestação ao regime foram severamente golpeadas. Todas as agremiações de esquerda foram perseguidas. A maioria delas sofreu perdas irrecuperáveis; algumas ficaram devastadas.

No entanto, quando a colossal onda de repressão passou e sua ação devastadora se exauriu, o que se pôde constatar é que a esquerda havia sido muito machucada, porém não fora destruída.

Os socialistas das mais variadas posições reapareceram no cenário da vida política brasileira. Em sua maioria, passaram a participar do Movimento Democrático Brasi-

---

O Pasquim

Semanário carioca de humor, circulou de 1969 a 1980. Destacou-se na luta contra a ditadura e na divulgação de novos temas existenciais, como a liberação sexual. Tornou-se o protótipo da imprensa alternativa.

Opinião

Semanário editado no Rio de Janeiro de novembro de 1972 a abril de 1977, caracterizou-se pela postura crítica diante da ditadura militar e pela difusão de informações, raras na imprensa da época, sobre temas como miséria, dívida externa e violência.

Movimento

Parte da equipe do *Opinião*, liderada por Raimundo Pereira, desloca-se do Rio de Janeiro para São Paulo em 1975 e cria a Edição S.A., um novo conceito de imprensa. No dia 7 de julho de 1975 chega às bancas o jornal *Movimento*, combativa e marcante publicação, exemplo de resistência e luta, que viveu sob rígida censura durante a ditadura militar.

D. Paulo Evaristo Arns representou a Igreja comprometida com a defesa dos direitos humanos e políticos, no momento mais duro do terror de Estado.

leiro (MDB), o partido da oposição consentida pelo regime; e ajudaram o MDB a obter excelentes resultados nas eleições de 1974.

As promessas demagógicas da ditadura – fazer do Brasil uma "grande potência", por exemplo – caíram rapidamente no descrédito. Os índices de crescimento (que levaram a ditadura a proclamar um "milagre econômico") sofreram uma considerável baixa.

Os detentores do poder se deram conta de que, para evitar os riscos de um processo democratizador mais profundo, deveriam empreender eles mesmos a mudança reclamada pela opinião pública, tomando, naturalmente, todas as medidas necessárias para que as exigências conservadoras não fossem desrespeitadas e a mudança ocorresse de maneira "lenta, segura e gradual".

Sob o governo do general Figueiredo, formou-se uma impressionante campanha, que mobilizou multidões nas ruas exigindo a realização imediata de eleições diretas para a Presidência da República. A campanha das "Diretas-Já" não conseguiu seu objetivo explícito, mas de qualquer maneira acelerou o fim da ditadura militar. Uma última eleição indireta se realizou em 1984 e o Congresso, pressionado pela população, elegeu o candidato da oposição, senador Tancredo Neves. A morte de Tancredo, antes mesmo de tomar posse, levou à Presidência seu vice, José Sarney.

Nas circunstâncias em que assumiu o poder, Sarney fez o que não podia deixar de fazer: convocou uma Assembleia Constituinte e preparou terreno para a realização, em 1989, de eleições diretas para a Presidência da República.

Infelizmente, ao sair de cena, a ditadura deixou o país numa situação política melancólica: a renovação das lideranças conservadoras ficou altamente prejudicada, durante

Manifestação de metalúrgicos do ABC realizado no Estádio de Vila Euclides, São Bernardo do Campo (SP), durante a greve de março de 1979.

as décadas em que prevaleceu o arbítrio. Os poucos jovens que tinham o privilégio de se aproximar dos centros do poder eram incentivados a agir de maneira cínica e pragmática, extraindo vantagens pessoais e mentindo sempre que lhes fosse conveniente.

E, nas eleições de 1989, as primeiras eleições diretas depois de tantos anos, o candidato das forças conservadoras, que nunca haviam perdido o controle da situação, era um moço que fora prefeito "biônico" (indicado pela ditadura, sem eleição) de Maceió e se formara, politicamente, no espírito da mentira e do cinismo. Eleito, o jovem político Fernando Collor se permitiu procedimentos tão escandalosos que levaram a uma vigorosa reação popular e ocasionaram seu impedimento (*impeachment*) por parte do Congresso.

O episódio serviu para demonstrar que os valores éticos não haviam desaparecido inteiramente da vida política brasileira e podiam se tornar alavancas surpreendentemente vigorosas no combate a situações de injustiça e desmandos inadmissíveis.

A explosão de revolta contra um presidente envolvido em negociatas e a intensa participação da juventude na mobilização que o derrubou do poder são fenômenos que devem dar muito que pensar aos socialistas dos diversos partidos. O socialismo não pode subestimar a ética.

O socialismo nos partidos brasileiros

Na esteira da derrubada de Fernando Collor, os socialistas são desafiados a refletir sobre as relações do socialismo com a ética. E não podem se limitar a discutir apenas esse ponto crucial: outras questões fundamentais deverão ser reexaminadas à luz da

OS ANOS DE 1980

Sob a ditadura militar, com a censura, prisões, tortura, assassinatos, perseguição política e exílio, os instrumentos clássicos de aglutinação e organização popular foram extintos. O arrocho salarial sustentou o "milagre econômico". A última greve acontecera em 1968, em Osasco (SP) e Contagem (MG), terminando com muitas prisões.

Acampamento Encruzilhada Natalino, origem do MST.

Em 1977, se aglutinaram várias frentes de resistência: a luta dos estudantes contra a ditadura, o crescimento das associações de bairro, a criação do Movimento de Custo de Vida pelas donas de casa, a proliferação das Comunidades Eclesiais de Base (CEB's), entre outras organizações populares.

Em maio de 1978, 1.600 trabalhadores da Saab-Scânia, em São Bernardo do Campo (SP), entram na fábrica e... "braços cruzados, máquinas paradas". O movimento grevista alastra-se rapidamente. Três anos de intensas mobilizações e "Abaixo a ditadura!" unificaram a classe e resultou no surgimento do Partido dos Trabalhadores (PT), na Central Única dos Trabalhadores (CUT), no Movimento Sem Terra (MST) e em vários outros movimentos e organizações populares.

Articulam-se os lutadores do povo na perspectiva da construção de uma sociedade socialista, combatendo as mazelas do capitalismo no campo e na cidade. Na trajetória política, adotaram caminhos e métodos diferentes, com autonomia política e de ação, com atuação em diferentes segmentos sociais.

Nos dias atuais, colocam-se grandes desafios aos lutadores do povo: superar as crises orgânica, de prática e ideológica; reconstruir os valores socialistas; retomar o trabalho de base como único instrumento capaz de mobilizar milhões de brasileiros para forjar, no estudo e nas lutas, um projeto popular capaz de resolver os problemas estruturais do país e garantir a todo o povo: terra, moradia, saúde, educação e pão.

Primeira Convenção Nacional do PT, em 1981.

crise do socialismo, que se manifestou com tanto estrépito na derrocada dos regimes da Europa oriental e no fim da União Soviética. É verdade que o modelo soviético já vinha dando inequívocos sinais de esgotamento desde os anos do governo Brejnev (enrijecimento burocrático, estagnação econômica), mas só com o fracasso das tentativas de Gorbachov ele foi efetivamente enterrado.

O desabamento do modelo soviético afetou negativamente as demais experiências socialistas: o exemplo dos chineses e o dos cubanos, independentemente da avaliação que cada um possa fazer a respeito deles, não tem mais o poder de atração que tiveram no passado. Ao que tudo indica, os socialistas do mundo inteiro não dispõem mais de "modelos" para se orientarem. Cada partido, cada grupo tem de criar soluções novas para seus problemas; tem de propor medidas que não decorrem de nenhuma doutrina e não estão prescritas por nenhuma receita anterior.

No Brasil, estão abertos muitos espaços para a atuação dos socialistas das mais variadas tendências. O quadro das opções político-partidárias é confuso, mas é rico de possibilidades e pode atender a exigências bastante diferentes.

O principal fenômeno novo no quadro político-partidário é o Partido dos Trabalhadores (PT), formado a partir das lutas do movimento operário em São Paulo no final dos anos de 1970. Um líder sindical, Luíz Inácio Lula da Silva, se empenhou na organização de um partido com características novas, com uma estrutura não leninista, que lhe permitia conviver (dentro de certos limites) com a diversidade das suas tendências internas.

Uma diferença importante em relação aos partidos comunistas estava no fato de que o PT já nascia pluralista, quer dizer, não estava sendo criado com o compromisso de constituir o único representante legítimo da classe operária na luta política.

Para o PT confluíram movimentos diversos: sindicalistas formados nas duras condições da ditadura militar, abertos a novas experiências, diferentes das que haviam sido vividas no passado pelos velhos socialistas; numerosas comunidades eclesiais de base, representativas das novas tendências cristãs, estimuladas por uma resoluta "opção preferencial pelos pobres" e, em certa medida, também pela "teologia da libertação"; grupos provenientes do "trotskismo"; sobreviventes de algumas organizações que lutaram contra a ditadura e foram destroçadas; estudantes e professores; ativistas advindos de associações de moradores e de diferentes movimentos sociais, na cidade ou no campo.

O PT contou, desde os primeiros anos, com o apoio de alguns intelectuais socialistas veteranos, como Sérgio Buarque de Holanda, Antonio Cândido, Florestan Fernandes, Paulo Freire, Francisco Weffort e Paul Singer. Antonio Cândido declarou: "Acho que o PT corresponde a uma tentativa de socialismo democrático, desta vez partindo dos próprios operários, o que é uma coisa totalmente nova no Brasil. Acho que no PT existe a possibilidade de um socialismo democrático combativo, não de um mero reformismo, por causa da sua base operária e da sua alta consciência sindical".

Mas o PT não tem sido, nesses últimos anos, a única opção político-partidária para os socialistas, no Brasil. O velho Partido Comunista Brasileiro (PCB), apelidado de "Partidão", após a saída de seu líder histórico, Luiz Carlos Prestes, e após a morte do sucessor

Florestan Fernandes (1920-1995)

Nasceu em São Paulo no ano de 1920. Fez curso primário incompleto devido a dificuldades financeiras, trabalhou desde menino e cursou as matérias do secundário e do complementar pelo regime de madureza, diplomando-se em 1940. Mas já tinha uma bagagem intelectual apreciável, devido às leituras abundantes que sempre fez.

Em 1941 iniciou o curso de Ciências Sociais na Faculdade de Filosofia, Ciências e Letras da Universidade de São Paulo (USP), onde, em 1945, tornou-se assistente da cadeira de Sociologia II.

No começo dos anos de 1950, coordenou com Roger Bastide, por encargo da Unesco, uma importante pesquisa sobre o negro em São Paulo. Em 1953 obteve o título de livre-docente na USP.

No início do decênio de 1960, foi um dos líderes mais ativos da campanha em defesa da escola pública. Foi efetivado, em 1964, como professor catedrático; em 1969 foi aposentado compulsoriamente pelo Ato Institucional nº 5, instrumento repressor da ditadura militar. Lecionou na Universidade de Toronto e na Universidade de Yale. A partir de 1977, deu aulas na PUC-SP. Em 1985 recebeu o título de professor emérito da Faculdade de Filosofia, Letras e Ciências Humanas da USP.

Reconhecido como um dos maiores sociólogos do seu tempo, foi galardoado com dois importantes títulos estrangeiros de doutor *honoris causa*: pela Universidade de Utrecht (Holanda), em 1986, e pela Universidade de Coimbra (Portugal), em 1990.

Ingressou no Partido dos Trabalhadores em 1986, ano em que foi eleito deputado federal, sendo reeleito em 1990. Faleceu em São Paulo em 1995. A sua produção é vasta, com mais de 50 volumes, entre os quais *A organização social dos tupinambá*, *A integração do negro na sociedade de classes*, *Sociedade de classes e subdesenvolvimento*, *Capitalismo dependente e classes sociais na América Latina* e *A revolução burguesa no Brasil*.

De um pequeno texto de Florestan Fernandes, de julho de 1990, denominado "Em defesa do socialismo", extraímos algumas frases que ilustram seu pensamento:

"A grande esperança dos que se chamam neoliberais consiste nisto: que o socialismo desapareça e que o marxismo se torne uma peça de museu, tema de mera reflexão abstrata de historiadores, filósofos e cientistas sociais. Ora, o que é questionável é a existência de um 'neoliberalismo'."

"O partido revolucionário não produz as premissas históricas da revolução social necessária, mas opera como o principal agente coletivo de sua estimulação, propagação, amadurecimento e eclosão."

"A democracia é, sem dúvida, um valor; mas ela não escapa às determinações da sociedade civil. Por isso, não pode ser representada como um valor em si e, muito menos, como um valor abstrato."

"Resta saber onde ficamos nós, perdidos nos submundos da América Latina. O 'quintal' dos Estados Unidos sai dessa história muito mais ameaçado que na era colonial. Os Estados Unidos perdem a sua grandeza imperial, pois sua posição de superpotência esboroa-se com velocidade. Durante o seu fastígio imperial, foram mais duros que Roma e mais piratas que a Inglaterra. Ainda desfrutarão o outono de um imperialismo decadente. Depois, a humanidade terá de fazer a última escolha: o império das multinacionais ou a civilização sem barbárie do comunismo? Nesse ínterim, o Brasil e os demais países da América Latina precisarão proceder a sua escolha: 'ser quintal' ou 'marchar para o socialismo'?"

de Prestes na secretaria-geral, Giocondo Dias, foi dirigido por Salomão Malina e, depois, pelo deputado Roberto Freire, de Pernambuco. Reconhecendo o desgaste acarretado pela dissolução da União Soviética (com a qual o "Partidão" era tradicionalmente identificado), o PCB realizou um congresso no qual, por maioria, decidiu mudar de nome e passou a se chamar Partido Popular Socialista (PPS).

O Partido Comunista do Brasil (PCdoB), criado a partir da antiga dissidência do PCB que se manifestou em 1958, passou por um período em que se inspirava no "maoismo" da China e, em seguida, por um período em que sublinhava a importância do modelo proporcionado pela Albânia, porém chegou à conclusão de que deveria se apoiar exclusivamente nos clássicos do marxismo-leninismo. Seu presidente de honra era o veterano João Amazonas.

O Partido Socialista Brasileiro (PSB), desde que foi fundado, em 1947, tem se esforçado por articular uma aproximação entre os valores do liberalismo e os valores do socialismo. Na resistência à ditadura e na participação ativa nas campanhas populares dos anos de 1980, o PSB conseguiu ampliar suas bases e aumentar sua bancada parlamentar. O principal teórico na sua direção era o filólogo Antônio Houaiss. E um dos seus vultos políticos mais conhecidos é Miguel Arraes, ex-governador de Pernambuco.

Existem, ainda, pequenas agremiações sem representação parlamentar. E há socialistas que pertencem aos quadros de dois grandes partidos que reivindicam a tradição social-democrática: o Partido da Social-democracia Brasileira (PSDB) e o Partido Democrático Trabalhista (PDT). O PSDB se constituiu em 1988 com deputados e senadores que saíram do partido que sucedeu ao MDB: o Partido do Movimento Democrático Brasileiro (PMDB). Entre os dirigentes e teóricos do PSDB, destacam-se os senadores Fernando Henrique Cardoso, eleito presidente da República em 1994, e Mário Covas, eleito governador de São Paulo no mesmo ano, já falecido.

O PDT, por sua vez, tem como maior líder Leonel Brizola, que já foi governador do Rio Grande do Sul e alguns anos mais tarde se tornou governador do Rio de Janeiro. Entre os intelectuais socialistas que faziam parte do PDT estavam o antropólogo Darcy Ribeiro e Edmundo Moniz (integrante histórico do grupo "trotskista" dos anos de 1930), ambos já falecidos.

Curiosamente, o PDT e o PSDB têm posições opostas quanto ao sistema mais adequado às relações entre o Poder Executivo e o Legislativo: o PSDB é resolutamente parlamentarista, e o PDT é apaixonadamente presidencialista. Isso sugere que, no campo da social-democracia, as divergências internas não são menos agudas do que no campo dos comunistas.

As ideias socialistas no Brasil hoje

Os socialistas brasileiros fizeram uma longa caminhada, até chegarem à situação atual. Travaram muitas lutas, sofreram muitas perseguições. Repensaram e reformularam seus ideais. Embora alguns tenham permanecido apegados a doutrinas envelhecidas, a maioria vem se esforçando bastante para se atualizar.

A "Marcha Nacional por Reforma Agrária, Emprego e Justiça" mobilizou mais de 100 mil pessoas em Brasília em 17 de abril de 1997.

A fonte de inspiração, para os socialistas, continua a ser a mesma do começo: a revolta contra as desigualdades necessariamente geradas pelo capitalismo, a denúncia da exploração do trabalho e a vontade de contribuir para que os trabalhadores se organizem e construam uma sociedade mais justa.

Nas condições do presente, os socialistas dispõem de possibilidades melhores do que no passado. A industrialização avançou, a classe operária cresceu, a massa dos trabalhadores passou a ter um peso maior na economia do país (o que significa que ela pode passar a ter, também, uma influência bem maior na vida política brasileira). Os ideais do socialismo, sintonizados com as aspirações proletárias, passam a ter, potencialmente, maior receptividade. Foi imenso o impacto da eleição para presidente da República, em 2002, do operário Luiz Inácio Lula da Silva, não só pelas possibilidades de mudança que se abriram, mas também pela legitimação, aos olhos da opinião pública, da capacidade de um trabalhador governar o país.

Pela primeira vez, a pressão dos trabalhadores, incentivados pelas ideias socialistas, pode combater com maior firmeza o desprezo pelo trabalho, que o capitalismo brasileiro herdou da sociedade escravista imperial; um desprezo que se manifesta na baixíssima remuneração (salários infames) e na convicção dos "espertos" (inspirados num modelo de conduta das classes dominantes) de que "trabalho é coisa de otário".

Podemos compreender a atuação dos "malandros" nas camadas populares como uma expressão de inteligência individual: é a busca de solução imediata para os problemas de algumas pessoas. Politicamente, contudo, a malandragem não resolve nenhum dos grandes problemas coletivos. E os socialistas dispõem de valores superiores aos do "malandro", porque sabem que a transformação da sociedade depende da organização e da mobilização das comunidades. O compromisso com a comunidade é um elemento decisivo na ação dos "de baixo" contra o egoísmo (e o cinismo) dos "de cima".

Os socialistas sabem que, para transformar a sociedade, é preciso pensar as aspirações dos indivíduos dentro do movimento (mais abrangente) das aspirações coletivas. Nesse sentido, o socialismo é "coletivista". E critica os pontos de vista estreitamente "individualistas".

No entanto, a experiência obtida nas lutas mais recentes vem ensinando os socialistas que no patrimônio teórico do individualismo liberal existem pontos importantes, que precisam ser mais bem examinados e assimilados, criticamente, pelas forças politicamente empenhadas em superar o capitalismo.

O liberalismo, historicamente, correspondeu aos interesses da burguesia, conforme vimos na primeira parte deste livro; nem tudo nele, porém, estava condenado a ser eternamente burguês. No campo liberal desenvolveram-se preocupações fecundas com o pluralismo e o pluripartidarismo, com a preservação do espaço de expressão das minorias; e com os direitos e garantias individuais.

Ao longo dos séculos 19 e 20 (desde a "Conspiração dos Iguais"), os socialistas, em sua maioria, se concentraram apenas nas limitações e aspectos mistificadores do liberalismo. Nas atuais condições da luta política, todavia, não seria mais razoável procurar enxergar também os pontos fortes do pensamento liberal? Não valeria a pena tentar incorporá-los ao movimento de renovação do socialismo, para conferir às ideias socialistas uma nova eficiência?

Claro que esse procedimento comporta riscos; e o risco mais evidente é que o socialismo, em vez de absorver as conquistas do liberalismo, seja absorvido por ele (e de algum modo se dissolva na perspectiva liberal). As dificuldades com que tem se defrontado o governo Lula, suas alianças, suas concessões na política econômica, tudo isso tem sido visto com apreensão por inúmeros socialistas que, embora apoiando o governo, temem justamente a descaracterização do movimento transformador. Por outro lado, esses socialistas sabem que não adianta a repetição de velhas formas e doutrinas petrificadas. Mas não serão bem maiores, atualmente, os riscos de uma estagnação e de uma deterioração de ideias socialistas que se encastelam em doutrinas ossificadas e se limitam a repetir velhas fórmulas?

A sociedade brasileira se revelou muitíssimo mais complexa do que os socialistas pensavam. Para conhecê-la melhor – e poder transformá-la – não basta denunciar-lhe a perversidade e se insurgir contra o capitalismo: é preciso abrir-se para a assimilação das lições que todas as forças vivas da nossa sociedade têm para nos dar. É preciso identificar e arregimentar todas as energias que têm contribuições a trazer, no mapeamento dos problemas e na denúncia das injustiças.

Os socialistas conseguirão dialogar suficientemente uns com os outros? Conseguirão evitar o sectarismo que tende a levá-los ao isolamento (e à inocuidade)? Serão capazes

Ocupação da Fazenda Pinhal Ralo, em Rio Bonito do Iguaçu (PR), abril de 1996.

AS NOSSAS TAREFAS

"Os nossos interesses e as nossas tarefas consistem em tornar a revolução permanente até que seja eliminada a dominação das classes mais ou menos possuidoras, até que o proletariado conquiste o poder do Estado, até que a associação dos proletários se desenvolva, não só num país, mas em todos os países predominantes do mundo, em proporções tais que cesse a competição entre os operários desses países, e até que pelo menos as forças produtivas decisivas estejam concentradas nas mãos do proletariado. Para nós, não se trata de reformar a propriedade privada, mas de aboli-la; não se trata de atenuar os antagonismos de classe, mas de abolir as classes; não se trata de melhorar a sociedade existente, mas estabelecer uma nova."
(K. Marx e F. Engels, *Mensagem do Comitê Central à Liga dos Comunistas*)

de se inserir no movimento da realidade, na extraordinária diversidade dos movimentos sociais? Serão capazes de extrair desses movimentos os elementos necessários para a elaboração – e a concretização – de um programa político verdadeiramente socialista e democrático?

Em que medida – podemos perguntar, encerrando este questionamento – os socialistas brasileiros chegarão a extrair todas as consequências do reconhecimento da "democracia como valor universal" (conforme a expressão usada por Carlos Nelson Coutinho em 1979)?

Essas perguntas são incômodas, porque as respostas para elas não podem ser previamente asseguradas por nenhuma teoria. Os socialistas podem se apoiar em excelentes conceitos filosóficos e nem por isso têm garantias antecipadas de que vão acertar nas ações que empreendem.

A única segurança acessível está no plano ético: o capitalismo é injusto e os espíritos bem formados devem combater a injustiça. Os ideais do socialismo, em princípio, são superiores à aceitação pragmática da desigualdade institucionalizada.

Um dos defensores mais lúcidos e mais honestos do capitalismo, o economista inglês John Maynard Keynes, fazia uma interessante comparação entre os dois caminhos. O socialismo repugnava à sua sensibilidade de barão e ele repelia a "exaltação do proletariado grosseiro"; não admitia que a massa trabalhadora fosse colocada acima da burguesia e da intelectualidade que, na visão do aristocrata, "quaisquer que sejam seus erros, são a qualidade na vida e representam, seguramente, as sementes de todo e qualquer progresso humano".

Por outro lado, Lord Keynes admitia que o capitalismo era, do ponto de vista moral, bastante problemático. "O capitalismo moderno" – escrevia ele – "é absolutamente irreligioso, sem união interna, sem muito espírito público". E concluía afirmando que para compensar as desvantagens morais, o sistema capitalista precisava ser "imensamente – e não apenas moderadamente – bem-sucedido" na economia.

Os socialistas podem extrair das observações do economista inglês a seguinte lição: se o capitalismo estiver sendo "imensamente bem-sucedido" no plano econômico, a luta pelo socialismo se tornará mais complicada; se, porém, a economia não estiver funcionando tão bem assim, o socialismo poderá sempre se valer, na política, do poder de fogo de sua superioridade moral.

SUGESTÕES DE LEITURA

CHACON, Vamireh. *História das ideias socialistas no Brasil*. Rio de Janeiro, Civilização Brasileira, 1965. Pesquisa feita por um liberal pernambucano que traz informações interessantes sobre o século 19.

DIAS, Everardo. *História das lutas sociais no Brasil*. São Paulo, Alfa-Omega, 1977. Relato de lutas operárias travadas por trabalhadores na primeira metade do século 20, feito por um militante socialista libertário.

DULLES, John W. Foster. *Anarquistas e comunistas no Brasil*. Rio de Janeiro, Nova Fronteira, 1977. Obra rica em material informativo sobre as atividades dos anarquistas e dos comunistas brasileiros até 1935. O autor é um professor norte-americano.

MORAES FILHO, Evaristo de. *O socialismo brasileiro*. Brasília, UnB, 1981. Vasta documentação recolhida por um sociólogo e historiador especialista no estudo do movimento sindical, cobrindo o período do final do século 19 à metade do século 20.

RAMOS, Graciliano. *Memórias do cárcere*. São Paulo, Martins, 1970. Evocação feita por um dos maiores escritores brasileiros, referente aos meses em que esteve preso no período que precedeu o Estado Novo, com fascinantes observações a respeito de seus companheiros de cadeia e de ideais socialistas.

AARÃO REIS FILHO, Daniel & QUARTIM DE MORAIS, João. *História do marxismo no Brasil: o impacto das revoluções*. São Paulo, Paz e Terra, 1991. Ensaios de vários autores sobre a influência do estalinismo, do maoismo e da Revolução Cubana sobre os socialistas brasileiros.

BEZERRA, Gregório. *Memórias*. Rio de Janeiro, Civilização Brasileira, 1979. Dois volumes nos quais um dos mais abnegados integrantes do Partido Comunista do Brasil conta sua vida e fala de suas lutas e da repressão que sofreu.

CARONE, Edgard. *O PCB*. São Paulo, Difel, 1982. Três volumes que transcrevem numerosos documentos ilustrativos das atividades dos militantes do PCB ao longo da história.

GORENDER, Jacob. *Combate nas trevas*. São Paulo, Ática, 1987. Esforço crítico e autocrítico empreendido com paixão e coragem por veterano socialista que examina a história das organizações de esquerda no Brasil, durante os anos de 1960 e de 1970.

TAVARES, José Nilo. *Marx, o socialismo e o Brasil*. Rio de Janeiro, Civilização Brasileira, 1983. Informações sobre a repercussão da Comuna de Paris e dos ideais socialistas no Parlamento brasileiro, no século 19.

GASPARI, Elio, *A Ditadura Envergonhada*. São Paulo, Cia das Letras, 2002.

GASPARI, Elio, *A Ditadura Escancarada*. São Paulo, Cia das Letras, 2002.

Este livro não seria possível sem a inestimável colaboração de Leandro Konder e de Vladimir Sachetta e Carlito de Campos (Iconographia).